柏拉图的车贴

［美］杰克·鲍温（Jack Bowen）　著
杨武金　程　橙　译

中国人民大学出版社
·北京·

编辑手记

车贴，顾名思义，就是指贴在汽车上的标语；哲学，则是人类智慧的结晶。前者通常浅显易懂，而后者却往往让不了解它的人望而却步。这两个看似毫不相干的概念似乎无法产生联系，更不可能同时出现在一本书中。然而，本书的作者恰恰将二者巧妙地结合到了一起，他用车贴上平实的语言阐释了深刻的哲学道理。至于从书中可以获得哪些收获，当然还要留待读者自己在阅读中找寻。

任何一本书的价值都是在阅读过程中体现的，在这个过程中，没有人可以取代读者本人，因此，我不希望多透露哪怕一丁点儿具体的内容，为的是将阅读的乐趣留给读者自己，而我相信，这本书一定可以为读它的人带来不少乐趣与收获。虽然我不想谈具体的内容，但却希望与读者分享我在阅读本书过程中的收获：那就是我所体会到的作者希望传达的一个基本而简单的想法——我们应该多思考。

这句话听上去很简单，简单到似乎都算不上是什么收获，然而，静下心来想一想，我们中有几人能够在如此繁忙的生活与工作中挤出时间来真正地思考呢？这里的思考并不是指思考如何完成本职工作，而是指针对身边那些不易引起关注的事物的思考。也许生活与工作的压力已经让我们忘记了关注身边的事物，也失去了对它们进行思考的能力，唯一残存的只是麻木地接受这“理所当然的”一切。本书作者提到的车贴，恰恰就是这些我们忘记了关注的事物之一。

既然提到车贴，不妨从它展开来说。即使读者没有开车的经历，也一定见过汽车上贴着的标语，这些小贴纸有些被贴在车门上，更多的是贴在车尾，它们的内容则是千奇百怪的。在汽车上贴一些诸如“新手上路”、“内有孕妇”之类的功能型车贴自然无可厚非。然而，我们也经常会看到一些充斥着污言秽语的车贴，例如，一些车贴会咒骂开远光灯的司机。这些车贴不但毫无价值，甚至还可能引起不必要的冲突。这种不当的使用车贴的方式显然是应该为大众所排斥的，因为这样的行为是有损于社会的。有些人会说，我自己的车，想贴什么自己做主。诚然，车贴是一种表达个人观点的媒介，但当它出现在马路上时，便具备了社会属性，会对社会产生影响，此时，车贴已经超越了个人层面。一个显而易见的道理是，个人素质的缺失不应对社会潮流产生恶劣的影响，对大众产生负面的误导。因此，不良车贴应该被摒弃。我们都明白，简单的从众心理，就足以使对不良行为的模仿反噬正确的行为方式，最终毒害社会风气。这种反噬并不仅仅体现在车贴这个问题上，而且体现在社会的方方面面，它已经成为我们不得不面对的问题。

我们并不知道使用这些不良车贴的人是为了发泄心中的不满，还是为了展示自己的粗鄙。但有一点是可以确定的，这些人的头脑中没有出现有价值的思考。这种思考可以让他们不再使用非善意的车贴；这种思考可以帮助他们放弃影响社会的不当行为；这种思考可以使他们愿意为了建立一个更加友善、美好的社会而规范自己的言行举止。如果人人都乐于多进行一些这样的思考，我们就会看到一个良性的循环。大街上不再会有遍地的小广告；地铁上不再会有被塞入扶手的楼盘广告；当你在公园门口排队买票时，也不再会有人肆无忌惮地插队。更重要的是，有了为他人的思考，我们可以看到更多的人愿意站出来制止这些不当的行为，而不是继续站在旁边，无动于衷地容忍着不道德的行为。与不良行为相比，这种可悲的麻木对社会造成的危害更大！因此，毫无疑问，我们需要进行这样的思考，它对社会与个人都有益。

在这之后，也许我们就能够获得习惯于思考的能力，并愿意多运用这种能力，进而我们的汽车上贴纸的内容也会焕然一新。我们会更加关注富有人文情怀的话题，而不再纠结于谁故意开了远光灯。我们会乐于将车贴看作不同思想相互交流与碰撞的平台，让普通的车贴承载更多的价值，这正是本书中提及的那些车贴的价值所在。所以，让我们在日常生活中多一些有益的思考，通过小小的车贴，领悟大大的智慧吧！

崔 毅

译者序

这是一本充满哲学智慧的书。“如果无知是福，那么为何它却让如此多的人不开心?”培根说，知识就是力量。其实，知识也能够给人们带来幸福或幸运。哲学（philosophy），源自希腊文“爱智慧”（philosophia），由“爱”（philo）和“智慧”（sophia）组成，表达热爱智慧、追求真理的意思。所以，简单地说，哲学就是爱智慧，或者是对智慧的热爱。

汽车，作为一种交通工具，在当今社会已经非常普遍。汽车贴纸，即贴在汽车上的标语。在美国，汽车是人们的常用交通工具，车贴也成了人们通过简洁的语言来表达思想的重要方式。能够用非常简洁的车贴或标语来表达深邃的哲学思想，这本身就是一种智慧、一种哲学。

哲学是对时代精神的反思。用亚里士多德的话来说，就是思想思想。思想思想的思想就是对某种思想的再思考，即对思想本身进行反思。哲学在本质上是对时代精神的深入反思和深刻的再思考。本书正是从时代精神出发，对一个个现实生活中重要的哲学问题进行了重新思考、深入探究，充满了智慧的眼光，能够极大地增长读者的见识，扩展读者的视野。

就贴标签这件事来说，就是一个需要思考的哲学问题。作者在“现实”这个总标题下，给出了第一张车贴“别给我贴标签”。先讨论贴标签源于柏拉图关于类本质的思想，即每一个事物都有它所属的类，都是对某个一般的模仿和呈现，所以，人们才可以对成千上万的事物贴标签。而且贴标签，其本身就是对事物进行分类，这有助于人们对事物的认识——区分事物。但是，贴标签也会带来很多问题，这就是作者在文中做出的反思。首先是因此而缺乏对周边事物的精确思考，似乎觉得贴个标签就可以了；其次是使我们的思维被某些范畴所禁锢而缺乏创造性；再次，贴标签容易使人对事物形成先入为主的误判而不去做实际具体的思考与判断。此外，贴标签或分类的认识方法不适合关于具有模糊性、复杂性问题的认识，因为对于模糊的问题很难做出贴标签式的精确描述。模糊逻辑所提供的方法则可以使人们避免强制分类所带来的潜在风险。模糊逻辑，简单地讲，就是要做更细的分类，要贴更具体、更合适的标签，这就意味着人们认识的深化。

作者在“自我”这个小标题下，讨论到“爱”的问题。作者首先认为，从过去哲学家、思想家关于爱的讨论来看，重要的是两个方面：一个是爱的价值，即人为什么要爱；另一个是究竟什么是爱，即爱的本质问题。人因为什么而爱呢？作者借布雷斯·帕斯卡（Blaise Pascal）的话说，爱虽有理由，但我们却无法理解。因此，就存在如疯狂的爱、痴迷的爱等现象。所以，要真正说清楚爱的原因，是一件困难的事情。但大致说来，就像斯多葛学派讲的，摆脱痛苦，达到心灵的平和，也许是爱的真正理由。从生物进化的角度看，爱的原因是外激素的作用。不同免疫系统外激素的相互作用，能够使个体更好地适应多变的外部环境。由此，可以引出爱的本质，即爱是什么的问题。人与人之间相互交流、接触，就意味着化学元素在增加，而与人与人之间的性爱相伴而来的情况则更加复杂，如可能怀孕、可能生育，从而促进这种性爱的稳定性。通常人们用"心形"来表示人与人之间的爱，但其实，爱不是发生在心脏之间的，而是发生在大脑之间的心灵碰撞，即"我爱你"就是"我想你"、"我脑垂体你"。但是，作者指出，如果爱仅指两情之爱，则只是一种爱的简化论而已。其实，爱有"更多的意义"，"爱就像有一千个大海，而每一个大海就像有一千个天使从天而降"。爱可以使人摆脱生活中琐碎的欲望，而集中精力去给予与付出。这样的"爱"，古希腊人将之分为五种：激情之爱（eros）、给予之爱（agape）、友好之爱（phillia）、慈爱（storge）、博爱（xenia）。作者最后指出，没有人与人之间的关爱，人也就不能成为人。

总体来说，全书是分十个大标题来进行阐述的。它们是：

现实、自我、价值、道德、上帝和宗教、知识、伦理、语言、政治和社会、大问题。可以说，这十个大标题也就代表了当下影响我们社会生活和精神生活的重要的基本哲学问题。其中，作者将道德和伦理分成两个问题来进行阐述。众所周知，道德和伦理之间存在着密切的关系，二者都是关于人的行为准则的问题，但是它们之间的区别却不是那么容易把握的。道德（morality）来自拉丁文 mores，主要意思是指个人或主体的内在修养、德行或品行，而伦理（ethics）来自希腊文 ethos，主要指人与人之间相处的各种道德规范或准则。道德是内在的，具有主观性和独特性；伦理则是外在的，具有客观性和普遍性。道德强调个人在主观上的修养及其结果；伦理则具有思辨性、学术性，通常也称为道德哲学。道德所追求的是善或美德，而伦理所追求的则是正当或适宜。阅读此书，我们应该能够更好地感受到道德和伦理之间所存在的这些细微差别。

我感到，作者的诸多观点或者论证对于当下的中国青年人来说，或许会带来不少思想或灵魂上的冲击。今天，中国在经济、军事等领域都获得了巨大的发展或进展，但在科学、文化和教育等各个方面，却与美、英等发达国家尚存在较大的差距。尤其是教育，有人说，这是目前中国生产的最大的假冒伪劣产品。我一直认为，中国教育最缺乏的就是哲学教育，特别是对道德与伦理的思考，对知识与人生价值的反思，等等。这些问题都非常重要。可以说，只有当生活在这个社会中的大部分人，至少不是少数人，尤其是我们青年人，都经常地来思考这些大问题了，才有可能使得我们这个社会多一些理性，少一些浑浊、矛盾和冲突，从而使我们这个社会也变得更加正常、合理一些。

杨武金

2015年7月22日

于人民大学人文楼

你能读：为什么就哲学了呢？

在美国的最近一次选举中，一位比较著名的政治家在对教育的反思中评论道："电焊工比哲学家挣的钱更多。我们需要电焊工，而不需要哲学家。"这对于那些沉浸于哲学思考中的人是一个巨大的冲击，而且在一个更广泛的意义上说，它也冲击了那些对教育感兴趣的人。教育应该做什么？它为我们每一个人都提供了一个机会，重新审视教育的作用，不仅是从广义层面上，更是从个人层面上。就像通常大多数有价值的哲学问题那样，这将不可避免地导致一个大问题——"我想生活在一个什么样的生活中？"

关于这位政治家的评论，我们可以发现在如此短的句子里竟然有如此惊人的错误。首先，事实上这个说法是错误的，统计表明，职业哲学家实际上比电焊工赚钱更多，而这是我们生存经验中一个很好的起点：钱在我的教育中扮演着什么角色？是动力吗？赚取最多的钱就是最终的人生目的吗？

其次，这位政治家提出了一个二律背反的问题，他所说的一个人必须要么是一个电焊工，要么是一个哲学家的情况并不存在。显然，不需要这样的情况。这是他的错误具有启发性的地方。焊接本身对一个有兴趣从事它的人来说，可能是一个非常有意义的、富有成果的工作。我能够想象，许多孩子在成长过程中，会深情地看着有人与火一起工作，用自己的双手制作东西，修理坏了的东西，利用各种金属和细致入微的材料来完成工作。似乎这正是对下面这个问题的一个可行的答案："你长大后希望做什么？"

在我看来，不幸的是这个电焊工只进行焊接，而关于他为什么选择那个职业却没有做任何实际的思考，这似乎不是在积极地选择它：在某种事情上花了50年的时间却没有实际拥有它。所以，他会成为这样的一个人：生活于宇宙之中，有机会进行自我反思，并且精于向外探索，但就是对自己一直在那里缺乏自我意识。

这就是该政治家最大的错误。哲学提供——甚至更强烈点，要求——一个机会，来追随柏拉图的名言——"认识你自己"。对如知识、心灵和灵魂、自由意志、语言、伦理等主题的探索，是真正深入到一个核心主题的机会。人们不去寻找自己的过去，就不能诚实地评估这些问题，人们需要一个范式来构建现实的框架，并建立一个持续的基础以向前发展。

当我开始研究哲学的时候，我正忙于完成医学院的学业。

当我对“你想做什么”这个问题的回答是“医生”时，总是得到极大的赞同（当我确定“儿科医生”时，我发现得到更多的赞同）。可是，当我沉迷于哲学时，我认识到我并没有花什么时间来思考我真正需要什么以及为何需要它。在探索了这些问题之后，我忍不住反思，“如果不明白更深层的道理，我如何才能知道我想做什么工作，以及我想要什么样的家和什么样的家庭生活？”在某种意义上，我想做不受控制的事情。首先，探索生活和你想要的东西，然后决定做什么，以及如何去追求那种生活。哲学提供了进军这一风险领域的方向。

毫无疑问，哲学研究提供了这种类型的内在价值。这对我来说是有价值的。但是，事实证明，还存在一种出于功利原因而研究哲学的动机，似乎做一个接地气的、令人熟悉的、体贴的和有自我意识的公民是不够的。

在当今信息量巨大的情况下，一个人很少会缺乏事实。我们的手持设备可以产生任何主题背后的事实。例如，在仅具备非常基本的生物学知识的情况下，人们能够很快地理解克隆人类的方法。当人们必须评估自身的问题时就会变得很棘手：我们应该克隆人类吗？当人们能够在线找到这个问题的答案时，就相当于让别人为你做了思考。哲学，不像任何别的追寻，它教给我们的不是要思考什么，而是要如何思考。我们应该克隆人类吗？很难在一个人的手机上找到答案。

在这样做时，哲学家就需要用到逻辑。我们的大脑在许多运算上自然并不会用到逻辑。像统计学家认为的那样，事物通常似乎是以一种方式运行，但实际上是以另一种方式运行。逻辑的理解以及辨别逻辑如何出错，可以帮助我们在情感阻碍理性时过滤掉那些可怜的论证和事例，这对于别人和我们自己都同样重要。学习哲学要求在其基础上，培养一种强烈的批判性思维。

但是，在哲学中所倡导的并不只是“批判性”的部分。哲学家也要进行创新性的思考。无论在口头还是书面形式中，与所有这一切相依存的都是良好的沟通能力。一个哲学学生必须能够同时接纳各种各样的观点：当筛选不合逻辑的论证和逻辑谬误时，要有心理上的操纵论证和反论证，同时以一个明确的和容易理解的方式来发展一个强有力的论证。另外还需要明确句子的结构和语法上的正确性。例如，当用一个词来描述一个量时，遇到不能量化的“少量水”时就用“少量”，遇到能够量化的“少数哲学家”时就用“少数”。

进而，所有这一切都将导致一些最伟大的哲学产品（所有的这一切都将让哲学的内在价值得以显现）。哲学家就是要帮助那些需要框架的问题构建框架。正如你将在书中看到的那样，我们部分回答了“生活的意义”这样的问题，因为我们从一开始就发现它是一个贫乏的问题。哲学也有助于定义我们正在讨论的问题，沿着那种方式就可以做出重要的识别。通常，我们之所以认识到一个不一致发生了，是因为正在讨论的这些问题使用了不同的关键术语。

也就是说，教育部分的“哲学”已经变得如此丰富。对我本人来说，我整个中学时代都在学习科学，又在斯坦福大学学习了四年的科学，但却没有真正地学习到科学本身。我不关注科学背后的逻辑：归纳、演绎、机构的历史、问题向导的语言、研究结果的地位。我发现，许多人所真正关注的那些科学追求，从来都没有吸引过我的注意力。而且，通过这一切的工作，科学追求将变得更加有意义和丰富，因为我的确知道我们所研究的是什么，其潜在的错误在哪里，它们是如何被克服的。这就像是我看到了帷幕的后面，从那里，一切事物都将变得更加丰富。

这种情况几乎存在于每一个学科中。当我每年访问我们学校的计算机科学班时，他们都会从编码和编程中脱离出来，讨论支撑他们努力的哲学问题。对一台计算机来说，思考将意味着什么？计算机有思维吗？其思维方式如何不同于你的思维方式？机器人拥有权利吗？一台计算机能够在游戏中作弊吗？(顺便说一句，什么是作弊?）在科学追求的背后，存在着如此多的哲学相关性。每年，在我访问之后，该课程的老师都会向我讲述，学生们是如何带着新的活力返回到他们的编码和编程课程中。

这类问题迫使我们退后一步，重新评估我们正在做的事，以及我们为什么要做它。另外，如果我们做好了，它迫使我们审视自己的生活。要问一个机器人是否快乐是困难的，因为它没有花一刻时间去理解对它来说，要知道你是快乐的和我是快乐的将意味着些什么。快乐就是我脑子里的血清吗？它在所有正确的地方旋转，或者快乐正在以比这种还原论者的方式更加宏大的方式来体现吗？

因此，对于哲学电焊工来说（他可能同时是电焊工与哲学家）：如果花了50年时间来做电焊却不做评估和深思，这将是一种怎样的耻辱。类似地，坐在那里阅读哲学却不能走进这个世界来做事，同样是一种耻辱。请来看一看生活的帷幕后面有什么吧，真该庆祝一下我们所发现的。

杰克·鲍温

2016年2月

于加州雷德伍德市

引言：如果你能，请读这个

在如今这个急速奔驰的年代，充斥着 Twitter、闪电约会和语音片段，汽车贴纸[①]则成为一种表达的方式。作家兼文化评论者瑞克·申克曼（Rick Shenkman）曾经说："假如你的一个想法不能用车贴那样的简短形式表达出来，那么你就别指望它能引起别人的注意。"超过 2 300 万的 Facebook 用户甚至不再需要一辆真正的车，而是应用这种视觉上的"车贴"，以一

① 汽车贴纸是人们采用个性化的文字、图案黏在车身尽情张扬自己想法的一种特殊的纸张。车贴于 1887 年 4 月 20 日在巴黎举办的世界第一场赛车比赛中首次亮相，赛车选手们的汽车侧门必须标明参赛编号以便识别，这是最早的车贴形式。经过长久的汽车及摩托车赛事推广，大量的赞助商涌入赛车行业，赛车车身开始出现赞助商的广告性质车贴，如著名的法拉利车队赞助商万宝路等。2013 年这样的车贴被称为改装车贴和标志贴。可以说，车贴最早的大范围流行起源于赛车运动；车贴的大发展则源于欧美和日本的汽车业兴起和普及，购车人群逐渐年轻化和家庭个人化，由于年轻的性格特征及受赛车风格的影响，车贴大行其道，逐渐风靡全世界。——译者注

种典型有力的、抓人眼球的、聪明时尚的方式来表达他们的观点。从本质上讲，车贴在辩论中闪烁着光芒，传授着洞见。不得不承认，老生常谈式的标语已经没有市场了；我们可以想象，像“堕胎是罪恶的，但有时候还挺管用”和“天空是青—蓝色的”这类标语很难起到实际作用。

像车贴那样十分简短的评论留有很多想象空间，这并不稀奇。仅仅一个挖苦、嘲笑的车贴评论，似乎也能承载着核心真理。但是无法避免的是，这种方式也忽略了很多有价值的内容。就像一幅图，一个好的车贴也许需要上千字来描述，因为任何重要的问题都值得用更多的笔墨。

《花生漫画》的创始人查尔斯·舒尔茨（Charles Shulz）①曾经评论道：“哲学和车贴之间的确存在着差别。”在某种程度上说的确如此，即大多数哲学范式和时代精神（以及与它们对应的所有学术同义词）比平均八个字的车贴更加深刻。但是，一张好的车贴，同样也提供了一个好的话题作为切入点，让人能够深入探究里面的哲学思想。车贴不是天生用来表达哲学宣言的，“我的宣言不适合这个车贴”，所以我们真的需要和车贴的主人相约坐下来，喝杯咖啡，探讨一下，在这些车贴所表达的日常现象的背后，到底发生了什么——或许可以带上我们的

① 《花生漫画》简称《花生》，是一部长篇连载的美国漫画，作者为查尔斯·舒尔茨。——译者注

哲学家邻居来分享心得。

让汽车司机加入市民演说是具有挑战性的。根据科罗拉多州立大学的研究者于 2009 年做的一项调查，大多数汽车司机在车贴问题上显示出“路怒症”。显然，任何一个觉得需要分享想法（或更精确地说，必须把他的想法表达出来）的人都倾向于表达对快车道上低速行驶的人的不满情绪。结果，车贴所传达的信息就无关紧要了：“多练车就是对别人的仁慈”和“我教过的最差的学生都比你教过的最好的学生强”。这些车贴的主人更像是被急躁情绪控制的“号角”，对着那些车身上没有贴着标语的开得缓慢的汽车大喊大叫。

车贴不仅影响了司机。在最近几年中，无数报道曝光了那些因为车贴而被迫将车停到路边的人，他们被过路者挥手示威，甚至被警察追捕。2009 年，在俄克拉何马城里，一个男人因为在他的车贴上写着“终止奥巴马，不终止胎儿”而被强制停车，并且他的车被警察没收了。这位司机澄清道，他只是在回应奥巴马的堕胎合法化法案，而且他解释说，动词“终止”(abort) 并不是“杀”(kill) 的意思，而是更接近“停止”(terminate) 的意思。也有因为车贴而获得支持的案例，这是真实的，在佐治亚州，警察因为一个女人用了“布什是大狗屎”的车贴而奖励了她 100 美元。尽管这不是一个实际的词，但这个奥威尔式的“有思想的警察”被人们说成是“猥亵的”。（我们可以想象这个妇女的回答：“那整个就是胡说一气。”）

让我们回到第一张车贴——“如果你能读这个”。这张车贴引入了臭名昭著的“如果”，并在“如果”之下使人们陷入“那么”的陷阱之中。“如果你能读这个”这种条件句足以吸引司机们，并向他们展示从中可以学到的或做到的东西，或者可能遭遇到的危险。“嗯……我能读这个。而且，正因为我是幸运的一个，我将继续读下去，看看我可以悟到什么。”因此，你无法全神贯注于驾车了。接受教训。

这种语法上的小技巧，正是“如果……那么……”句式所具备的，那些一鸣惊人的车贴标语都具备这种引人注意的力量。因为“你”可以阅读“这个”，然后你就具备了探索更深含义的潜力。当然，“如果……那么……”句式所连接的两个从句之间必须具备某种联系，而不是像下面这两个可能并不真实的车贴那样：

……那么，你太聪明而不会投票给共和党。

……那么，你太聪明而不会投票给民主党。

“如果……那么……”句式的车贴是一种简单的“自我陈述”，路过的司机会被这样的车贴所吸引，去看“那么”后面的内容。就好比运用修辞法向读者提问题，启发他们思考，而不是平铺直叙地告诉他们。以下列两个样本为例，它们叙述了同一个问题。

平铺直叙型：你不能无中生有。上帝不能创造一切，

因为总有一些东西曾经创造了上帝。所以万能的上帝不存在。

以及

“如果……那么……”设问型：如果你不能无中生有，那么万能的上帝是怎么来的？

圣奥古斯丁（St. Augustine）曾经评论：“地狱，就是上帝为那些提出这类问题的人所准备的！”因此，当你提出上帝在创造某物之前在做什么这类问题的时候，请小心。

上述两个陈述表达了同样的观点，第二种表达方式要求读者自己来“找答案”。这就好比电视广告常用的设置悬念的技巧那样：“越大越好。汉堡王的汉堡更大。”这句广告词使人眼前同时呈现了美味多汁的大汉堡和薄如纸片的小汉堡，让读者去体味广告之后隐含的逻辑，然后揭开关于汉堡美好品质的谜底——“等等，如果越大越好并且汉堡王的汉堡比较大，那么汉堡王的汉堡肯定更好。我解决了这个谜题啦！”

“如果……那么……”句式之美，就在于它能够让人们参与进来，近距离地体验，更加亲密地观察。这也就是本书为读者提供的机会。而且，在本书所有的车贴中，读者不必担心一旦他们看见“如果你能读这个”，后面紧接着的是“你被盯上了”（后面跟着一对牛眼）或者“我可以踩刹车并且控诉你”等其他车贴上所写的那种标语。读者可以随心所欲地阅读，事实上我鼓励读者这样做。

类似于“如果你能读这个……”这种“如果”从句，在某种程度上是多余的。一个人可以在任何句子前面加上“如果你能读这个”这句话。比如，“想象一下世界和平”可以变成“如果你能读这个，那么想象一下世界和平”。同时，“如果你不能读这个”也可以加在一个车贴之前。但是，正如古老的哲学谜题所说的那样，句子是如此多变，“如果一个车贴很有趣，但是它出现在森林里（没人看），那么它还会有趣吗?”因此，如果读，请深读。就像问别人是否清醒，而且就像把盲人用点字法通过自动取款机来驱动那样。

所以，请相信这本书中的内容，将比本序言里所触及的还要丰富得多。深读此书，你会发现书中所说的思想在日常生活中比比皆是，没准儿你还能在网上碰见它们呢。正如一个狡猾的车贴语言学家向我们所发出的邀请：

如果你能，请读这个……

目　录

现实：不仅仅是科幻小说

自我：百年树人

价值：值得你做的是什么？

道德：重要的是在道德上站得住脚

上帝和宗教：超自然、自然和不一般的自然

知识：你所不知道的事情会伤害你

伦理：二择一

语言：一张车贴标语胜过千言万语

政治和社会：追求幸福是你的权利

大问题：那是你的最终答案吗？

现实：不仅仅是科幻小说

别给我贴标签。

我们可以将贴标签的问题归咎于柏拉图。尽管他是出于好意，但是最后他造成的麻烦比他解决的问题还要多。柏拉图引发了人类历史上最热烈的“贴标签运动”。他认为每一个个体都隶属于各自的类——所谓的一般“形式”。以椅子为例，柏拉图认为每一把椅子都模仿了椅子的本质（the essence of chairness），这种椅子的本质使我们能将那些没靠背的木质凳子、有靠背的金属椅子、没腿儿又没靠背的坐垫等各种各样的物体都叫作椅子。这就消除了由成千上万的不同事物所造成的混乱，而且将它们都放入一类事物中，既然它们分享着同一个标签，因此，它们也必定拥有某个共同特性（common trait）。

大多数情况下，我们的大脑不适合那种费时耗力的分类活动。快速一瞥，贴个标签，然后进行下一项活动，这更符合我们发自本能的偏好：生存。孩子自打一岁起就能够展示出这种将事物分门别类的自然本能，比如，能够正确地区分“烫”和“不烫”是一个很有用的生存机制。被烫了一次的孩子，能够从错误的分类中吸取教训。我们的大脑是优秀的生存机器，却也是简陋的真理探测器。在我们的进化历史中，祖先们全神贯注于如何从狮子的追捕中逃生，全然顾不上思考生命为何不平等。贴标签使我们能够区分事物，然后再战胜它，而不是继续挣扎于逃生阶段。

素有“彩票科学家”之称的作家纳西姆·塔勒布（Nassim Taleb）① 认为，习惯性地给事物贴上标签会带来一个潜在问题，那就是：“我们以为自己知道得很多，而实际上不是。”他认为，我们之中有许多人错误地将我们的大脑当成了一部“用

① 纳西姆·塔勒布的两部超级畅销书《随机致富的傻瓜》（*Fooled By Randomness*）和《黑天鹅》（*The Black Swan*）已经成为华尔街投资者必读的经典著作。他在2001年“9·11”事件发生前，大量买入行权价格很低、无价值的认沽权证，用一种独特方式做空美国股市，“9·11”事件发生后一夜暴富。无独有偶，他在美国次贷危机爆发之前，又先知先觉重仓做空，大赚特赚了一笔。业界称他是“像买彩票一样做股票”，不过要补充的是，他是每买必中，每中必是头奖。而一般人买彩票，大都只是在做贡献。——译者注

户手册”。这将带来很多问题：一方面，这妨碍了我们去精确地观察周遭环境。因为我们喜欢不停地贴标签，所以，我们错误地假定，这些标签作为世界的一部分，是以某种方式实际存在的。另一方面，这种习惯使我们的创造力变差。将多姿多彩的事物分门别类使我们很难打破思维的囹圄去思考“类”之外的世界。哈佛心理学家艾伦·兰格尔（Ellen Langer）[①] 将这种现象比作“被范畴禁锢”（trapped by categories）。比如，一个机械师看到的仅仅是一根又一根弹簧，而在他妻子眼中此弹簧变成了一种玩具。从而，闻名于世的紧身裙便诞生了。还有，如果将每一个事物都纳入某一个类或贴上某一个标签，我们就会忽视这一事物所独有的与其他事物相区分的细微差别，而这个细微差别可能是如此美妙。进一步讲，我们会忽视每个人所独有的美。老店铺的建筑造型拥有各自不同的特色，而现代建筑则千篇一律，如果你的住处和你的邻居的住处一模一样，并且和临街的那些住户也一样，何谈美感？

比本能更严重的问题是，我们总是错误地看待世界而且缺

① 艾伦·兰格尔曾获古根海姆研究学者奖、美国心理协会颁发的大众心理学杰出贡献奖、高尔顿奥尔波特群际关系奖等，其著作包括《学学艺术家的减法创意》（*On Becoming An Artist*）、《个人政治学》（*Personal Politics：The Psychology of Make it*）以及《控制心理学》（*The Psychology of Control*）等。——译者注

乏创造力。给他人贴上标签，不但影响了我们如何看待他们，同时也影响他们如何看待他们自己。在一项在麻省理工学院进行的实验中，让学生们给一名访问教授打分，在教授讲课前，学生们分别读了一段关于该教授的间接评价——一半学生读到的是“该教授是一个非常热情的人”，而另一半学生读到的则是“该教授是一个非常冷漠的人”。不出所料，下课之后学生们对该教授的评价与之前编造的标签如出一辙。大多数老师都熟悉皮格马利翁效应（Pygmalion effect），即人们根据自己身上的标签来为人处世。正如一个不太讨人喜欢的实验结果所展示的那样，某小学老师发现，当学生们被告知蓝色眼睛的人更具天赋的时候，拥有蓝色眼睛的孩子比拥有褐色眼睛的孩子表现得更好。然而，当第二天老师宣布自己之前的说法是错误的时候，拥有褐色眼睛的孩子们的表现也好了起来。

显然，如果经常实施这种贴标签的行为，将导致巨大的冲突。幸运的是，古希腊哲学家米利都的欧布里德（Eubulides）给我们提供了另一种观点，强调了人工分类的不准确性。与柏拉图同时代的他曾这样表述：“你面前有一堆沙子，如果减去一粒沙子，那么这一堆沙子还是一堆，因为减去一粒沙子不会影响一堆沙子。但是，如果我们不断地重复减去一粒沙子的动作，直到这堆沙子只剩下可数的几粒，那么显然这一堆就不再是一堆了。”这个例子让人们认识到在分类活动中语言和标签具有模糊性。

为了弥补传统的二值逻辑（binary logic）① 的缺陷，1965年，来自加州大学伯克利分校的计算机科学家卢特菲·扎德（Lotfi Zadeh）② 引入了“模糊逻辑”。模糊逻辑能够为数学家和其他人提供更有效的量化描述，从而避免了强制分类所带来的潜在危险（我们仍然可以称其为“模糊”）。比如，将一根点燃的火柴放进一个空的瓦斯罐里，不会造成伤害；但是，知道这个瓦斯罐是九成空的，就给出了一个更加精确的描述。所以，与其给一堆沙子贴上“一堆”或者“不是一堆”的标签，不如将它看作“一个 0.7 堆”，正如没有绝对的“内向”、“孩子”、“好人”或者“坏人”——因为没有人是纯粹的好人或者纯粹的坏人，强迫人们接受非黑即白的分类，会湮没个人独有的闪光点。或者，正如作曲家马特·鲍恩（Matt Bowen）在流行歌曲里所唱的那样：

如果世界在你眼中非黑即白，

---

① 对任一命题有且仅有“真”或“假”二值之一的各种逻辑（包括数理逻辑）系统的统称。——译者注

② 卢特菲·扎德，1921 年 2 月 4 日生于巴库。他于 1965 年建立了模糊集和模糊逻辑，主要研究模糊逻辑的应用。——译者注

那么你将错过所有美丽的色彩。

虽然这使我们能够更精确地描述世界，但是它也带来了一个全新的挑战。是谁规定了多小的儿童看电影可以买半价票？0.6的人还是更小的孩子？一堆沙子的难题在这里重新出现，并且它强迫我们去寻找一个0.9的人与一个0.8的人之间的区别，并且这种区分不能仅依据一天、一小时或者一分钟。

至少，关注贴标签的习惯可以经常在不知不觉中帮助我们处理一些人际关系带来的潜在忧虑。在柏拉图的椅子分类问题和欧布里德的沙堆问题之间取得平衡，也许可以提供一个观察自身与外界的更准确的视角。因为，如果一个人手中只有一把锤子，那么他看其他任何东西都像钉子。所以，去商店的时候，请根据标签买一罐你在晚餐时要喝的汤，把它盛入你的独一无二的碗里——尽管你意识到，收银员收钱的时候可能会问："您今天购物愉快吗？"就像她问其他形形色色的人那样。

尺寸很重要。

十年之前的"大杯"饮料在现在看来已经变成了"小杯"。事实上，绝大多数快餐业都不再卖"小杯"了，而是从"中杯”开始卖。或者，以星巴克为例，只有“高杯”和“20 盎司”两种选择，巧妙地回避了“小杯”。7－11 连锁超市以 32 盎司[①]的“大口杯”为最小贩卖型号取胜——一杯相当于三听可乐的容量。紧接着，“大口杯”很快被 44 盎司的“超级杯”取代。现在，64 盎司的“双倍超级杯”已经出现。这种变化使得麦当劳的“大杯”变成了“小杯饮料”，并且面临着其他饮料可以被加入牛奶和水等健康选项的挑战。为了不被落下，ARCO 公司开始出售容量为 88 盎司的“野兽杯”，并且引发了其他饮料经销商的容量大战——麦当劳叔叔不得不在自己的快餐店门口举着扬声器表演，以安抚那些手拿 42 盎司杯却仍然要求加大容量的顾客们。大多数人认为事物的体积和它们所占据的空间是绝对的。如果把你手里的高杯换成 20 盎司杯，而你的手的大小不变，那么以手作为参照物，杯子变大了一倍。正如艾萨克·牛顿所说的，运动必须有参照物——如果你以每小时 60 英里的速度运动，你周围的事物也一样，并且方向相同，那么意义何在呢？因此，阿基米德说：如果给他一个合适的支点，一个不动的支点，他就能够撬起地球。

德国哲学家戈特弗雷德·莱布尼茨（Gottfried Leibniz）认

---

① 美制：1 盎司＝29.59 毫升。——译者注

为以上看法都是错误的，因而预见了爱因斯坦的相对论。他让我们想象，存在着另外一个宇宙，这个宇宙与我们所生活的宇宙相同且时间同步，但仅仅有一个细微的差别：所有物体都向左边挪了五步。如果的确是这种情况，那么所有人都会同意两个宇宙之间没有差别，因为所有物体都向左挪五步并不会造成影响。因此，造成影响的不是物体所处的位置，而是它们相互之间的关系。

回到哲学思维的范畴，想象所有的物体都变大为原来体积的两倍。也就是说，你的脚变成原来的两倍，你的鞋子也变成原来的两倍。现在，当你的鞋子已经是 9 英寸长的时候，量鞋子的尺子也是原来的两倍大，因此尺子上 0 和 9 之间的刻度也是原来的两倍长。在之前的例子中，你无法分辨出这种巨大的变化，因此再一次证明了“相对体积”的重要性。想象一下比 20 盎司更大的那些容量杯——如果你的胃口也能像它们一样变大就好了。

但是，我们现在所要论述的事情，不是所有事物都变大了。正如其他车贴所疑问的那样：

是这个世界变小了，还是我们的速度变快了？

我们恰恰可以将美国人的肥胖问题，与上文讨论的软饮料的单杯容量问题联系起来。也许，这种单杯容量大战恰恰反映了七宗罪之一的“贪婪”。“贪婪”（gluttony）一词，来源于拉丁语 gluttire，有“大口吞咽”的意思——对速食产业来说，这不仅要归咎于企业之间对大容量杯的相互竞争，还要归咎于消费者的贪婪。这反映了我们文化中的放纵情绪，甚至当我们拥有的事物已经能够满足我们需要的时候，我们仍然会不断地要求得到更多。

1978 年，经济学家理查德·伊斯特林（Richard Easterlin）进行了一项实验，这项实验在成人中进行。他让实验对象列出“我希望拥有的东西”和“我已经拥有的东西”两张清单。16 年之后，他召回这些参加过实验的人，重新列出“我希望拥有的东西”和“我已经拥有的东西”两张清单。不出所料，即使实验对象已经拥有了 16 年前“我希望拥有的东西”，他们仍不满足。这种现象的学术名词是“快乐水车”（hedonic treadmill）①，这种现象向经济学家和“幸福专家们”清晰地揭示了，人们想要的是“更多”，而非“更好”。

以上造成了对 GDP 的关注。正如前文所述，不仅国民的肥胖问题令人担忧，GDP 的增长也令人担忧，GDP 增长的代

---

① 快乐水车是指收入增长，但快乐却不相应增长，即所谓的“有钱但不快乐”的现象。——译者注

价是，由于产品的快速增加所造成的环境污染。罗伯特·肯尼迪（Robert Kennedy）曾经强调，GDP 催生的产品包括汽油弹、原子核弹头、监狱和香烟广告，而不包括孩子们的健康和教育质量，也不包括婚姻关系的牢固或者城市居民的幸福感。他提醒我们："GDP 衡量的是短期利益，这个利益中不包括让生命更有意义。"普林斯顿的心理学家丹尼尔·凯泽南（Daniel Kahneman）认为，我们可以不选择国内生产总值而选择不好计量但更加精确的指标，即国民幸福总值（GNH）。我们应该少喝一些软饮料，用快乐水车运动取代公园漫步，用享受慢生活的快乐取代购物活动的愉悦。

在较高的国民幸福总值下，我们可以想象，老奶奶慢慢地喝着一杯 6 盎司的咖啡。我们可以确定，这个容量已经足够了。

算命的为什么要问你的名字？

大概是因为世界上并不存在通灵术这种东西。他们问的问题越多，他们获得的信息就越多，然后他们在信徒面前就表现得越有法力。也许所谓的信徒，只是想花钱请人说一些他们想听到的话，而不管过程是什么。

赢家，赢家，赢家。正如《怀疑论者》（*Skeptic*）杂志编辑米歇尔·舍默（Michael Shermer）[1] 所说："对死人说话容易，让死人说话难！"

雇一个算命先生来给你手里的这本书写一篇特殊的书评。作为世界顶级的"算命先生"之一，他了解哪些人想要买哪种书（显然），因此可以很轻松地指出买书人的将来，并且不必担心你手里的书是借来的还是偷来的，算命先生知道你这样做了而且事出有因（鉴于找人算命所花的钱要比买这本书所花的高出一倍，我希望你觉得请他来算命确实物有所值）：

> 你是一个有思想的人，人事关系对你来说意义非凡。你可以是十分保守的，但当遇到正确的人时，你又能十分开放。你认识很多人，但是你有一个固定的朋友圈，这个朋友圈在你的生活中占有十分重要的位置。继续探索这个圈子里的朋友。在接下来的九个月中，你要留心身边的机会，在学业和事业中保持开放积极的心态。这将使你获得浪漫的生活。相信你自己，并且顺其自然去

---

① 米歇尔·舍默是《怀疑论者》杂志的创始发行人，怀疑论者社区（Skeptic Society）的执行董事，以及《科学美国人》（*Scientific American*）的专栏作家。——译者注

寻找浪漫的姻缘。你是一个非常讨人喜欢的人，并且你能够利用读书来放松自己，因为读书放松是你与宇宙沟通的重要方式。

也许你已经发现了算命先生的另一个窍门，那就是：说一些模棱两可、放之四海而皆准的话。甚至，说一些相互矛盾的话来囊括相对立的观点，例如，既保守又开放。话中包括学业或者事业，让读者可以找到适合自己的选项。因为他们正在读一本书，所以要强调他们对书的喜爱。并且，假设读者花钱读这本书是希望寻找自己生活的真理——而且肯定能找到。毕竟，我们的确憎恨被欺骗。

但是谁会把算命先生的话当真呢？当然，很难从一个人的嘴里得到直接的答案，每年都有人花大把的钱在电话算命上。所有这些行为都不顾任何实际的证明和解释。算命师西尔维娅·布朗（Sylvia Browne）——你也许在下午时段播出的谈话节目中看到过她劝阻人们避免悲剧发生，看到过她试图解决谋杀事件等——每 30 分钟收费 850 美元，标榜可以“看穿你的心灵，揭穿你的伪装，帮你找到自我”。当然，你不用到达节目现场，正如她所说的，“就好像面对面谈话一般”。“好啦，在我们开始之前，你是刷维萨卡还是万事达卡呀？”说实话，真正的算命师还需要问这个吗？

但是，当我们对她在 2005 年的表现进行统计的时候，她的好表现没有超过 30%。有趣的是，俄克拉何马城的一所小学的两个四年级学生，其预测的准确性能达到 50% —— 恰恰相当于我们投掷硬币得出正反面的概率。

所以，也许这将是教育基金增长的新方向 —— 学校应该在教育上多花些钱，这样人们就不会在离开学校之后加入社会上盲从的大众，这些盲从的大众中有 1/3 的人相信占星术，一半的人相信鬼魂，75%的人相信天使，更有多达 80%的人声称相信奇迹存在。怀疑精神和想象力是重要的，但是绝对没有重要到需要让从电影院里走出来的孩子以为自己真的能像哈利·波特那样，在天上飞来飞去或念咒语。

UFO 是真实存在的。

有时候一个不明物体从空中飞过——因此，这个物体被断定是 UFO。2009 年 1 月，两个新泽西州居民将氦气气球和小灯泡组装起来放飞到天空中。结果，这个恶作剧引发了一起外星人新闻，福克斯新闻花费了大量时间去采访一个当地的飞行员和他的妻子——“新泽西的居民们相信他们见到的就是

UFO”。他们对此事的评价，正如“美国新闻编辑部”的分析员的话，“它们是我所见过的最可信的天外来客。并且它们来自新泽西，而不是其他的什么不知名的地方。”而且，这些气球被载入了历史频道的“UFO狩猎者”节目，在节目中UFO专家（《UFO杂志》的发行人）给出了一个明确的判断：该物体绝对不是灯泡或者其他任何人造物。当地的机场控制塔也加入进来，表示“雷达上没有显示任何迹象”。外星飞船不能被人类的雷达所探测到。UFO绝对是真的，只是有时候很难说它们是气球、中国灯笼，还是开着飞船来地球兜风的外星人。

正如大部分“这个世界之外”的事物那样，一个人也会忽视“眼见为实”的箴言，而采取圣奥古斯丁在维护无形之物（identified unseen beings，IUB）时所说的：“如果你不相信它，你将无法理解它。”因此，车贴标语：

我希望相信UFO存在。

仅仅几年之后就变成了：

我坚信UFO真的存在！

如果你想看见一个“碟子”在空中飞，那么相信“碟子”真的能在空中飞是一个很好的开端，就像33%的美国人相信外星人已经造访过地球了。真正的问题是，是什么导致人们去买车贴“UFO 驾驶员”——至少这个驾驶员应该有能力定义那个他所声称的在天空中飞的物体。

自从 1977 年的电影《第三类接触》（*Close Encounters of the Third Kind*）公映以来，关于外星人出现的故事突然增多。大部分声称被外星人绑架过的受害人都描述到，他们是在深夜看电视的时候被外星人绑架的，其情形之阴森恐怖，与早先的卡通片《巴克·罗杰斯》（*Buck Rogers*）和电视剧《X 档案》（*The X-Files*）非常相似。而且奇怪的是，所有外星人都有一个共同点，那就是：外形像人。但是，正如著名的怀疑论者米歇尔·舍默所说，“在成千上万的物种中，只有一个物种进化成了顶级的灵长类物种。这种概率在我们的太阳系、银河系乃至整个宇宙中都接近于零。”因此，我们是如此特殊，假如宇宙中存在任何其他超级物种，长得也一定很像人类。

好吧，所以我们没有直接证据证明外星人存在，但这不应该阻止我们。有些人认为地球上存在间接证据，如埃及的金字塔。这种观点简单地说就是，如此恢弘巨大的建筑物不是人类的力量所能造就的，因此只能将其解释为外星人的作品。认为人类没有能力建造金字塔的观点实在是目光短浅，而且没有任何证据证明建造金字塔的技术来自外星，也没有化石可以证明这一点。外星人支持者声称，金字塔的高度乘以千万倍后恰恰是地球到太阳的距离——这不可能仅仅是巧合，他们说，金字塔一定是外星人用来在宇宙中传递信息的工具，所以这个距离是如此刻意和精确。谨记“眼见为实”这句箴言，假如你足够努力，你完全可以找到任何你想要找到的巧合：金字塔的高度恰好是橄榄球明星杰瑞·赖斯（Jerry Rice）身高的 80 倍——这恰巧是赖斯球衣上的号码。也许杰瑞·赖斯和金字塔的建造有关系。

UFO 主要是被农夫和那些小地方的居民发现的，天文学家和科学家从未在这些地方用最高级的天文观测工具持续观测过。25 年来，外星智能协会（SETI）已经进行了真正的科学实验来探测外星智慧的存在。在 10 亿个星系中，每个星系都有 40 亿颗星球和我们的地球相似，很多人都认为宇宙中很有可能存在与我们相似的生命形态。然而最近的星系距离我们有 250 万光年那么远，这意味着以光速从地球到达这些星球需要花费 250 万年。由此我们可以算出，我们现在看到的星系其实是它们 250 万年前的样子。很难想象 250 万年前的外星人来拜访当今的新泽西居民的动机是什么。并且，就算存在能够以光速飞行的飞船，那么它们在这 250 万年中在自己的飞船上做些什么呢？

耐心些。仔细观察身边那些在飞的物体，你大概可以发现它们只是普通飞行物。

不是世界太小，而是我们人数众多。

我们经常听到有人抱怨，“我们居住的世界太小了。”但是，如果我们居住在一个较大的世界或者中等大小的世界，那将意味着什么呢？我们不能做出比较，因为我们只知道一个世界，那就是我们所生活的这个世界。

当我们玩儿“这是个小世界”游戏的时候，恰恰忘记了我们一开始创造的世界有多么小。我们永远无法获得一个有68亿人口的样本，这不像我们随便把手指头放在世界电话簿上指出两个人的名字那样简单。相反，在开始这个游戏之前，我们把自己的世界削减成一个小小的可以放进口袋里的世界。举一个老生常谈的例子，看看那些和你坐同一班飞机的人，这些人看上去是“随机”的。其实，这种“随机”也是有条件的：和你坐同一航班的200个人必须满足以下条件：他们都有足够的钱买飞机票，喜欢坐飞机，并且和你有相同的出发地和目的地。

而且，这个游戏成功的机会比我们所预想的要大得多——

你不是在寻找某个特定的人，而是任何能够和你产生联系的人。当你登上飞机的时候你不会考虑，“我是否能够遇到那个几年前把自己的房子转让给我儿子的人的女朋友?”大多数人拥有一个非常广泛的关系网络。想象一个拥有两个孩子的父亲和他的妻子从家里出发。这对夫妻拥有五组不同的社会关系和团体，每组社会关系和团体都拥有上百个成员，这些成员在不同的单位工作，参加不同教区的活动，各自拥有一些邻居，并且曾就读于不同的高中和大学。而且，他们的孩子——也是他们自己的人际关系网中的一员——都成家了，积少成多地拥有2 000个Facebook“好友”，每个好友又拥有自己的家庭、大学、工作单位和兴趣……这个网络渐渐延伸。所以，这个小小的世界埋藏着千丝万缕的联系。事实上，不仅仅是这个父亲经常玩“这是个小世界”游戏（他参加聚会、乘坐航班、购物，等等），那些在他的关系网络中的人也经常玩这个游戏。在这个领域里，我们所忽视的一个最大的问题是我们忽视了“没有发生”的可能性，然后就停止思考了。“我从旧金山起飞去西雅图，路上没看到任何认识的人。”也就是说，我们忘了把那些可能乘坐实际上却没有乘坐该航班的人算在内了。把所有赢得游戏的机会算在内，巧合的概率是如此之低，我们应该为此感到惊讶。

我们玩的这个游戏的失败要归咎于多巴胺。多巴胺是一种控制情绪的化学素，作用于一个尚未知晓的脑部位置，它让我们感到兴奋，并且很可能引发对赌博的沉迷。每当我们意外获得胜利或找到某个意想不到的东西时，都会分泌一些多巴胺。神经学专家雷德·蒙塔古（Read Montague）解释说："当我们的大脑面临随机选择时，就如同一朵多变的云，它总是自动进入烦躁模式。但是，你不可能在股票市场里找到这种神秘模式。"作家乔娜·莱泽（Jonah Lehrer）更简洁地说："你的情感妨碍了常识。"

将一个硬币抛掷十次，如果接连不断地出现正面或者反面，人们会十分惊讶。如果一枚硬币连续十次掷出正面，人们经常会错误地认为"下一次应该是反面"。正如"赌徒谬误"所说，同样的错误想法导致了众多赌徒在蒙特卡罗①一掷千金并且血本无归，因为他们认为在轮盘 26 次掷出黑色后，下局一定会掷出红色。当时，屋子里的多巴胺一定爆棚了。

发现事物中的这些幽灵式的联系，不仅是自然的，而且有趣，它几乎得不出什么真理性的东西。例如，我们可以证明，

---

① 蒙特卡罗是世界著名的赌城，是摩纳哥的标志，世界三大赌城之一（另外两大赌城是美国超级赌城拉斯维加斯与号称东方拉斯维加斯的中国澳门）。——译者注

普通孩子心目中的英雄巴尼（Barney）是一个《圣经》中的基督式的人物，但被列在数目为666的反基督者的启示录的声明书里。巴尼是一个逗人喜欢的紫色恐龙（CUTE PURPLE DINOSAUR）。就像罗马人用V来取代U，我们这里可以做同样的事情：CVTE PVRPLE DINOSAVR。取出其中的字母，我们得到的是罗马数字：CV VL DIV，而且它们的阿拉伯数字之和为：100＋5＋5＋50＋500＋1＋5＝666。这个概率真是太令人惊讶了，以至于除了启示之外没有任何东西（感到多巴胺在“抗议”）。

世界就是它的大小：6 794 709 463个人，并且每个瞬间——尽管瞬间立刻成为过去——人口数量都在变化。我们让世界变得更小。具有讽刺意味的是，随着互联网的推广，我们各自的“世界”已经变得越来越小。我们不再走出家门和陌生人交往，而是待在自己不断缩小的壁橱里。

如果无知是福，那么为何它却让如此多的人不开心？

是什么造成了高中生会渴望那些造成如下感觉和情感的经历：背叛、否定、渴望、害怕、不舒服、疼痛、困惑、愤怒、紧张、伤感、不安和孤独？

不是所爱的人死去了造成的，也不是人权受到侵害而造成的，更不是上学时间延长而造成的。通过收集素材我们发现，是高中生在离开柏拉图所谓的“虚假现实的洞穴”的时候，面对刺眼的光芒时所想象出来的感受。

讲一个短故事：自打出生以来，你生活在一个凉爽的、舒适的洞穴里，被铁链锁着，看着身后的火焰映射在穴壁上的投影。假设这些投影就是你所知道的全部世界，那么它们就是你的现实。在某种程度上，你被“引领”出那个洞穴来体验太阳刺眼的光芒，以及光芒照耀着的现实（教育一词的拉丁语词根是“引领”）。新的光芒刺痛了你的眼睛，并且新的知识“刺痛”了你的大脑。但是柏拉图那种关于现实的知识，是一个人能够获得的最高尚的东西。

这里，柏拉图给了我们一个动力来克服那句诱人的格言：“无知是福。”尽管错误的观念偶尔会带来好运，但这是歪打正着，并且柏拉图清晰地告诫我们，应该为更好的事物奋斗。在著名电影《楚门的世界》（*The Truman Show*）里，楚门是一个在虚拟世界里出生的婴儿，这个虚拟世界是一部真人秀电视节目，里面所有的人（除了楚门之外）都是被刻意安排的演员，并且这部真人秀节目是一部没有尽头的电视节目。正如节目的导演所说的，“我们接受我们所呈现的世界为现实世界。”但是，观众能够感到楚门的生活里有所缺失。虽然楚门所生活的虚拟世界是经过精心安排的——他拥有一个妻子、一份工作，甚至气候都很美好——我们感到，他的福气只是表面的，而且我们想从他那里得到更多东西。真正的问题是，我们想为自己争取更多东西吗？

柏拉图曾很好地预示，21世纪的神经科学也已经给出了经验上的证实：我们不喜欢改变自己的世界观。我们甚至不喜欢挑战。想象一下，当你走出自己的洞穴时世界观所发生的天翻地覆的改变，比如，开始相信圣诞老人的存在，或者不再信任某个政党，或者不再相信上帝。最初你死命地抵制某种观念，现在却支持它：“我不关心一个人在一个晚上会见60亿人是否可能，反正现在是可能的！”

然后，你感到困惑：“这些出席的人，怎么才能从我的房子里离开？”这是典型的与不舒适相伴的想法，因此造成了恐惧感——对未知的恐惧。当你克服了背叛时——被传说中的圣诞老人，被父母，或者被印象中儿时很大的游乐场所背叛——伤感和渴望便席卷而来：你真的怀念圣诞老人和他慈祥的眼神，然而，你发现他从来没有来过。现在，你又孤单一人了。

你不能忽视知识。知识是构建一个人质疑和接受世界的桥梁，是“看到那光”。你也许会发现那些你无法忽视的事物。正如麦克白夫人[①]认为的那样——“做了就是做了，不能够撤销。”那个算命先生好像在和你去年去世的祖母对话，事实上，他只是让事情更加扑朔迷离——他采用简单的戏法，运用模糊不清的陈述，进行很多猜测，甚至询问你一些问题而不是说一些他应该知道的事。现在，你不能回到洞穴了，因为你已经遭到了知识的诅咒。

当你开始怜悯那些尚在洞内居住的人的时候，显然，他们没有见到光明，你竟然感到一丝嫉妒——毕竟，他们是有福的，他们还拥有彼此。当你回去想带领他们出洞，他们反而嘲笑你。柏拉图说，他们拥有自己反抗的机制：“我们在这里很好，谢谢了。”“你说的外面的东西根本不存在。”“明亮的太阳？不，谢谢。”因此，即使你能够和他们对话——你又怎么能够向那些生活在二维世界的人描述三维世界呢？

所以，这里存在共和党和民主党，有神论和无神论，圣诞

---

① 麦克白夫人是莎士比亚四大悲剧之一《麦克白》（*Macbeth*）的主人公麦克白的妻子，是一个恶毒的女人。这个人物表现了人性的罪恶一面，是导致麦克白悲剧的直接因素和罪魁祸首。麦克白夫人是那个帮麦克白登上王位的残忍计划最早的煽动者，她野心勃勃，对权力有很强的渴望，其表现构成了她丈夫野心的背后驱动力，历来作为诱导教唆丈夫走上不归路的恶妇代表，最终不明不白地死去。——译者注

老人和其他给礼物的人。我们可以从柏拉图那里得到什么呢？我们必须对潜在的光明打开怀抱，并且认识到克服了虚假的现实就能接触真理，这出于我们的需求，虽然有时是痛苦的、孤单的和可怕的。我们不能一遇到因增加的关注而造成的不舒服和痛苦就退缩。而且，从这样的旅程中，我们能够知道我们的努力并非白费。正如《楚门的世界》的导演所说："如果他决心要找到真相，那么没有什么可以阻止他。"进而，恰当地"向太阳致敬"！

自我：百年树人

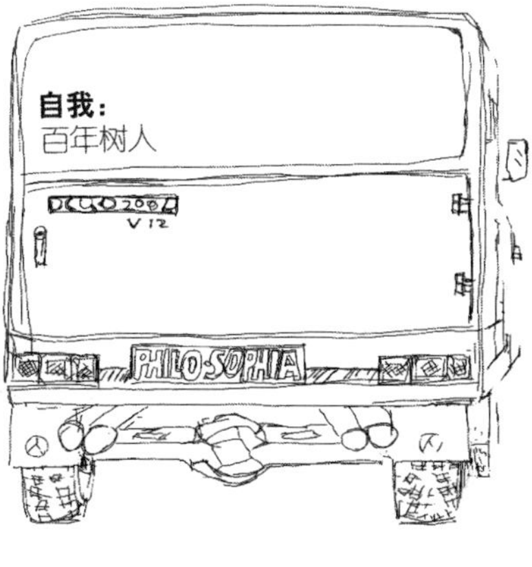

我更愿意成为……

作家萨尔曼·卢斯蒂（Salman Rushdie）将“我更愿意成为”这个短句，与一位古代印度哲学家考底利耶（Chanakya）的传说联系起来，陈述了考底利耶公认的格言，即一个人不能同时生活在两个世界里。以典型的寓言的方式，考底利耶命令一个学生运送一个装满水的大水罐，穿过整个城市且不能洒出一滴水，并且当天是个节日，整个城市都热闹非凡。如果学生洒出一滴水，就要遭受死刑的惩罚。在那天快要结束的时候，当那个学生成功地完成了任务之后，考底利耶让他形容当天节日的情形。很显然，学生不知道任何关于当天节日的事，因为他的注意力完全集中在自己的任务上。学生上了一课。正如古代中国人所描述的那样，“教我，我会忘记；给我演示，我会记住；而让我参与，我就能理解。”① 那个盛满水的水罐应该贴着一张车贴，读作“我更想……参与城市的节日庆典”。

这些车贴的主人和那些在吃饭的时候拿出手机，或者在和朋友对话的时候给别人打电话的人之间，没有什么区别。除了等待他们各自电话的医生和父母，这种当今流行的反社交社会的行为方式也许可以用一张车贴来表达——“我更愿意和这个人说话”。另外，属于自我生活的时间加速了 Twitter 和 Facebook 现象，而且，你拥有一个好的环境，令“我就是时代”的自恋者的悲剧式英雄得以再生。

1979 年，克里斯多弗·来斯克（Christopher Lasch）的畅销书《水仙花的文化》（*The Culture of Narcissism*），揭示了由信息时代造成的空洞的自我放纵。他相信，信息的超负荷实际上带来了自我感知的弱化，从而不能形成有意义的联系。你不得不先学会爱自己，再去爱别人。更糟糕的是，由字节构成的信息充斥在当今的社会中，造成了来斯克所描述的那种人与人之间依靠小学三年级科学课上制造的土电话相互交流的时代。Facebook 方兴未艾，正如心理学家提出的，1982—2006 年，人格测

① 书中数处涉及中国古代学说，但均未注明出处，且英文原文未必十分切合原义，加之译者掌握古籍有限，故难以一一对应古文原文，只能据英文意译。——译者注

试显示，美国人中自恋人数增长了30个百分点。他们不能够预料“某人现在正在干什么”，只有当这个人在Facebook上发布新状态“我要结婚啦”的时候，人们方才知晓这个人的现状。事实上，这个人正是在她自己的婚礼现场发布这个消息的。你也可以找到如下状态，如“……被抢劫了”和“……迟到了并且她找不到自己的钥匙了”。这好像是人们在创造他们生活的地图，而不是过着真正的生活，就好像一个度假者在记录他的整个假期以备日后观看，所以当他给自己的好友们发布他的状态的时候，朋友们可以看到他曾经度过的假期。但是，你现在就在度假之地。你现在就和朋友们在一起。现在就可以做任何你想做的事。

现在永远是琢磨不定的。当你感到快乐的时候，时间过得飞快。这种“快乐”经常源于“活在当下”。我们许多内心的不安，源于我们不断地在可以与应该和什么可以与什么应该之间挣扎，比如：将一辆汽车开到时速60英里，旁边的一辆车也是同样的速度。（我现在正在开车吗?）恐惧源于预见了那些将来可能发生的事，紧张源于过去已经发生的事。

我们对时间的把握，源于我们的时间观念：当我们比较年轻的时候，时间过得慢一些——从零岁到一岁。当我们长大一些，正相反，时间过得快了一些——啊哈，又是一年了。并且，当我们有意识地发现时间，它已经流逝了。这种心理学现象带来了格言："一个见习烘焙师永远不会烘焙（光说不练假把式）。"正如见习者因为等待的时间太久而放弃。当我们没有留意的时候——如睡觉时，或者在一个更丰富的时间段，比如"在圈子里"作为一名运动员、音乐家或者爱人时，时间作为一个关键因素却不复存在。正如爱因斯坦在他的相对论中所展示的那样，时间不是绝对固定的。相反，时间是相对于地点而言的：离地球越近，时间越慢——想象一下，你的脑袋比你的脚要衰老得更快。

许多文化和世界观拒绝这种多时间观造成的"时间恐慌"。佛陀关于时间轮回的观点认为，时间不是线性的，而是环形的，在某一点回到起点，形成了生命的轮回，很难指出哪里是开端，哪里是结束，正如一个车轮那样。语言学家本杰明·沃尔夫（Benjamin Whorf）让我们知道，如果没有过去和将来的时间概念，没有对"现在时、日期、月历、年表"的兴趣，我们的生活将很难继续。"语言塑造了我们的思维，"他写道，"而且决定了我们能够想些什么。"（事实上他声明，说阿兹特克语言的霍皮人[①]的生活并没有因此而无法继续，他只是无法

---

① 又称普韦布洛印第安人，美国最西部居民集团，住在亚利桑那州东北部纳瓦霍居留地中部和多色沙漠边缘，操属于犹他—阿兹特克语组的肖肖尼语。——译者注

和他们交流而已，或者“没有时间观念”的新闻标题，比“和我们一样”的新闻标题更吸引人。）当然，我们不能遗忘上帝，正如彼得对我们说：“一天像一千年那样，而且一千年正像一天那样。”但是，我们没有选择的权利。反正“现在”还没有这样的权利。

所以，也许那些针对这张车贴的奇怪的、具有攻击性和敌对态度的回答，只能轻微地震动我们：

> 我不在意你喜欢什么，你的车是什么牌子的，或者你更愿意做什么。

我们甚至能改变那些车贴，从“挂断电话，小心开车”到“挂断电话，认真生活”，开始尝试控制我们生活中的时间，而且不当那自恋的水仙花，因为没有人有那闲工夫。

我爱……

如果真的是“你所需要的一切就是爱”，那么通过对车贴的简单调查，就可以知道很多美国人已经得到了他们想要的。当然，纵观历史，哲学家、贤者、诗人和科学家已经不只探究了爱的价值，而且还探究了爱究竟是什么。如果爱就是我们所需要的一切，我们就应该知道“爱”到底是什么。当我们在其中寻找这一生活的动力时，我们就需要比“法语式无定义”的“我真不知道该如何”，或者著名性爱专栏作家、《性与城市》（*Sex and the City*）的作者凯瑞·布雷肖（Carrie Bradshaw）的“莎莎动物园”提供更多的内容。

法国数学家布雷斯·帕斯卡经过慎重思考，得出深刻洞见：“心拥有它的理由，这理由是我们无法理解的。”因此，像“爱得疯狂”、“痴迷”和“为你痴狂”这些词经常用来描绘爱者对被爱者的情感。基本上，激情没有真正的理由，所以停止忧虑，跟着感觉走吧。

为了避免听起来像孤注一掷的高中男生用当天哲学课上学到的只言片语去搭讪同班女生，斯多葛学派通过调节来遏止所有这些一时兴起的谈话。古希腊的斯多葛学派追随着“跟随推理的带领”的信条。对他们来说，激情不是原因，真正的原因被定义为痛苦，而且斯多葛学派的人通过这种痛苦来获得最好的知识，一个人应该努力达到内心的平和——摆脱激情，从而达到思想的平和。对你来说，想要达到这种目标，可能要经过多年努力，才能最终达到那种完全的、无感情的封闭，对世界感到平和。以前，斯多葛学派的人也寻找更深层次的完美，这种完美由四种品德组成：激励、公正、智慧、平和。他们甚至通过冥想来寻找我们真正应该爱的人，就像我们不只是自己家庭中的一员，也是更大的社区的一员。正如苏格拉底所传授的，“我不是雅典人，也不是希腊人，我是世界公民。”

从进化的角度看，被激情征服是应该被承认的。没有比小小的生物学上的进化更让人血脉贲张的事了。在人类选择伴侣的时候，许多因素起着作用。外激素——就是广为人知的气味——秘密地提供了寻找拥有不同免疫系统的伴侣的线索，这样就使得后代能够在瘟疫袭来的情况下生存下来。形体因素也影响着伴侣的选择，至少是在潜意识的程度上，正如形体好的人被认为更能适应多变的环境因素。女演员凯特·布兰切特（Cate Blanchett）赢得了“最对称的脸”的绰号，因此提供了一个客观的解释，这就是为什么所有的青少年都拜倒在她的石榴裙下。

人与人一旦接触，人类的化学机能就被触发。胃里如蝴蝶在飞舞，心跳加速，这都是因为大脑内的化学元素在增加，于是令人着迷地与意中人相遇的白日梦开始了。当与意中人相遇的时候，人们会如饮鸡尾酒那样，增加分泌化学元素，引起幸福感。接下来是性爱，另一道鸡尾酒——一道开胃酒或者甜酒也许是更好的描述，它是更深入的交往的纽带。因此，“性爱让事情变得复杂”这句话是真的，并且有很好的理由：所谓的复杂化是指，性爱会带来婴儿，并且两个家长齐心协力比单亲爸妈更容易抚养下一代。更伟大的纽带是指，长久而稳定的快乐的关系。没有必要去吃壮阳药来维持快乐——这只会多花钱并显得愚蠢。如果你真的需要增加一些动力，最近研究发现服用一种天然生长的角羊草是一个不错的选择。这种草长着心形的叶子，也许它很快就能替代人工合成的药物了。而且不需要另外在酒吧喝些饮料，酒精实际上在性爱方面有消极作用。当见到心仪的对象的时候，性需求会自然而然地出现。

所以，结果是，现在流行的爱的标志——“心形”，其实是一个误导。“我想（brain）你”，事实上更准确，尽管看上去很难将它描绘出来。为了达到更高的准确性，“我脑垂体（lobe）你”，更加精确地描绘了脑部的某个部分在爱中所起的作用，而且听上去更接近于我们现有的关于爱的具体词汇。典型的心型标志看上去只是一块肉，而一块连着线的椭圆形就能替代它的位置——我们不希望仅仅因为“我脑垂体你”暂时听上去不对劲儿就放弃真理。我们总有一天会适应这种叫法。

很多时候，爱的简化论失去了很多意义，或者仅仅从一个角度看待爱。充满希望的罗曼蒂克者呐喊道：“这里必须有更多的意义。”诗人已经尝试了这样描述——“爱就像有一千个大海，而每一个大海就像有一千个天使从天而降。”——尽管这样，仍显单薄。哲学家艾文·辛格（Irving Singer）指出，帕斯卡认为心是神秘的和搞不懂的观点是错误的。反之，辛格认为，爱是主动的有意识的活动，爱能够使一个人主动地“完全付出”。爱真的可以使他或她摆脱生活中琐碎的欲望，集中精力去给予与付出。而且，佛陀已经解释得如此透彻：“因为我们不是任何造物主的创造，我们都是一个网络中平等的部分。我们用爱投入其中，相互连接。这种爱提供了……一个和谐的宇宙。”

所有这些，甚至都没能涵盖丰富多彩的爱的形式，这些爱的形式被希腊人区分开来，从而刻画了丰富的事物，像心形（在后面加比萨饼、飞机、声音、纽约，等等）那样装饰在车贴上：激情之爱、给予之爱、友好之爱、慈爱、博爱。

对于猴子的研究显示，缺乏爱不但会造成心理上的创伤，而且会造成生理上的伤害，亲密的爱在人类思维健康中扮演着更加重要的角色。正如辛格所言：“人类这个物种可以忍受没有剧院艺术，没有绘画艺术，没有文学，甚至没有音乐；但是如果人与人之间没有相互之爱，人将不能称之为人。”尽管我们也许需要比爱更多的东西，但是，在我们的生活中，无论如何，爱永远是第一位的。

吻：让它单纯一些。

艾萨克·牛顿曾经说过："自然因简单而优美。"而且，自然不存在虚假。所以，尽管这个车贴看上去怪怪的，它仍然具备某些意义。

为什么手表的指针会滴答走动？对大多数西方世界的人来说，这是一个简单得不能再简单的问题。但是，想象一个人在土生土长的文化环境中长大，他找到一块手表，正像那个在电影《上帝一定是疯了》（*The Gods Must Be Crazy*）中，捡到魔法可乐瓶的人。因为从来没见过手表，他不知道为什么手表的指针能够步调一致、如此准确地走动。所以，他认为，一定有一个看不见的精灵隐藏在手表中，做了所有的工作。几年之后，一个好奇的观察者前来拜访，并且打开了手表的后机盖，明明白白地显现，是齿轮在让手表的指针转动。谜团被解开了。但是，找到手表的人已经和手表里的小精灵朋友建立了深厚的感情联系，因此他认为，是小精灵和齿轮共同使得指针运转的。正如拿破仑曾经俏皮地说："把我的手表给一个野蛮人，他会认为手表具有灵魂。"但是，我们已经离野蛮阶段有一段距离了。

中世纪的简化理论大师、圣方济会修道士奥卡姆的威廉姆（William of Occam）解释了如何在相互竞争的理论中进行选择，即如何在我们的齿轮—精灵理论和精灵理论中选择。首先，辨别两种竞争理论是否提供了相同的解释力。如果提供的解释力相同，那么就接受二者中简单的那个，因为比较简单的这个理论出现错误的概率也小一些。这个理论叫作“奥卡姆剃刀”理论，运用“奥卡姆剃刀”理论可以剔除不必要的理论——在上面的例子中，就是那个精灵。一辆车的零部件越多，它的故障率就越高。同样，两个拥有同样解释力的理论，复杂的那个出错率较高。

“这和我有什么关系？”一个人也许会问，特别是当一个人不在科学、经济等相关领域工作的时候，而这些工作领域却普遍会应用到奥卡姆剃刀理论。现在，用两个理论来解释你自己的存在。你懂得爱，会做出道德的判定，并且会感到痛苦，是因为：（1）物质的身体和非物质的精神——所谓的“二元论”概念；或者（2）仅仅是物质的身体——所谓的“唯物论”概念。通常的情况是，我们忽略上述内容而认为手表的指针可能是神秘的会自行转动的手臂。然而，一群好奇的观察者（众所周知的“科学家”）打开了手表的后盖，发现了是什么在带动手表的指针。

在过去的 20 年中，神经科学家已经完成了很多类似的“探险”。他们打开了手表的后盖，后来是头盖骨，以此来揭示我们的大脑内部的工作原理。通过最近的科学探险和技术进步，我们可以指出，大脑中相关的具体生理、化学路径，承担着痛感、悲伤、快乐和爱等心理活动，并且负责打喷嚏和做道德判断。

因此，我们所要做的就是回到最初的问题上来：这两个理论——二元论和唯物论——在解释我们的经验时有相同的解释力吗？因为越来越多的人认为，二元论和唯物论的解释力相同，而剃刀剔除了二元论中那些不必要的部分，即看不见的精灵。但是，哲学家托马斯·内格尔（Thomas Nagel）仍然认为，唯物论不能代替二元论。他让我们想象自己是只蝙蝠，即使是最有想象力的人，也只能想象出如果人变成了蝙蝠，在夜空中飞翔、利用声呐、以老鼠为食并且倒挂着睡觉会是什么样子，但是这些都不会成为现实。无论我们知道多少关于蝙蝠及其大脑的运作和社交习性的知识，我们永远不知道作为一只真正的蝙蝠的感觉是什么样的，因为科学家永远无法捕捉主观感觉。因此，最具想象力的人也只能想象人变成蝙蝠之后的外在形态，而无法知道它的感觉。所以，内格尔总结道，这种无法感知的“事物”——任何科学观测都无法研究的事物——就是看不到的灵魂。

在真正时髦的理论中，哲学家吉尔伯特·赖尔（Gilbert Ryle）的理论是“机械灵魂的教条”。他关注的既不是科学，也不是主观经验认为的事物的发展趋势，而是语言。语言会愚弄我们，使我们得出错误的结论。因为在日常生活中，我们经常讨论思想和灵魂（注意你的举止，它是有灵魂的），尽管它是某些已经存在的东西。但是赖尔建议，我们只是在分类的时候产生了混淆，“我拥有一只左手手套、一只右手手套和一副手套。”一副手套不是实体的手套之上的事物，正如思想和灵魂不是身体和大脑之上的事物，它们只是谈论物质实体的两种方式。正如哈佛心理学家史蒂文·平克（Steven Pinker）在《大脑如何工作》（*How the Mind Works*）中简明扼要地说的：“思想是大脑的产物。”

爱因斯坦告诉我们，要“让事物尽量简单，但不是愚蠢”。这就足够简单了，而且不会让任何人觉得愚蠢。也许“让事物保持简单、聪明”最终会更有效果。奥卡姆的威廉姆应该感到骄傲。

关上电视机！

电视机是毒品。

为了充分证明这张贴纸的观点——因为毕竟这张贴纸不能形象地描述——想一想电视节目的目标：卖广告。黄金时间的广告平均时长是 30 秒，每个广告的播出费用是 122 000 美元，而精品电视节目［如《美国偶像》（*American Idol*）］的广告播出费用为 70 万美元。越能吸引观众不停地观看，就越能从广告商那里赚取更多的广告播出费。节目制作者知道如何这样做，因为他们不断地观察着观众们——他们“扫描”观众的大脑，监视观众的心跳，正如观测者在实验室中观测实验对象在观看不同画面、颜色、主题时的反应。正如哥伦比亚广播公司的首席执行官在 1997 年说的那样：“我们的目的是提供广告服务，这是我们存在的理由。”这就是为什么他们说必须先播出赞助商的广告，再告诉你下一轮的胜利者将会是谁。在看电视的时候，我们花掉了差不多 1/4 的时间来看广告，而且如果你正在观看美国特有的节目“超级碗”比赛，那么在 4 个小时的节目中，你只有 12 分钟在真正观看球赛。所以，如果“毒品”正如一种词典里解释的那样：“使人上瘾，使人适应，或者明显改变人的知觉能力，典型表现在决策能力方面”，那么电视的确是一种毒品。

因此，解决的办法是**关掉你的电视**吗？如果你同意**我所有的知识都是从电视中学来的**，那么你就应该关掉电视。在这种情况下，你应该这样反思：**电视毁了我的人生**。如果你每周花掉将近 28 个小时看电视，或是这个时间的一半，那么这个结论就是公正的。具有讽刺意味的是，几乎所有 65 岁及以上的老年人，花费了人生中整整 9 年的时间沉迷于高质量的、老式的广告中，同时用将近 21 年的时间来睡觉，至少这能回答那句怀旧的问题：“时间都去哪儿啦？”

看电视长大的你，也许很少有机会能在黄金时间读一本书（作者比较喜欢这样）。如果你是个 12 岁左右的孩子，那么你能够列举出的啤酒品牌比你能够列出的美国总统还多。如果你已经读过一些书了，至少你能够**质问电视**，并且**在电视毁掉你的脑子之前关上电视**。正如阿当斯・休斯雷（Aldous Huxley）在《勇敢新世界》（*Brave New World*）中提醒的，“对于娱乐，我们的胃口无限之大。”我们真是娱乐至死啊，正如尼尔・波兹曼（Neil Postman）那本《娱乐至死》（*Amusing*

Ourselves to Death）的书名所说的那样。但是，一旦你意识到了这些，**你就能够拒绝思想控制：关掉你的电视机。关掉电视机，打开人生吧！**因为，正如我在某处看到的一张车贴：**如果每个人想要的是和平而不是一个新的电视频道，那么和平就到来了——约翰·列侬（John Lennon）**。

改变是一种常态！

这个著名的法国谚语提供了一个很好的正反两极的例子。这个陈述看上去好像在本质上是相反的，但是它却折射出了深刻的智慧。一方面，如果某些东西持续地保留着一种确定的品质（比如，一直在变化），这个事物就是保持不变的。现在，在这个车贴的智慧中，这个一直被保持着的品质是“变”，而不是保持原样。因此它时刻提醒我们，生命有限。事物会变化，并且这种变化是永恒的。在更深的层次上，变化也许不能促使我们在想象的范围内太多地改变现状，因此能够忍受变化的过程值得我们给予更多的关注。

这种同一与变化之间的相互作用，在关于“人格同一性”的哲学讨论中扮演着重要角色。因此，在关于如克隆、干细胞研究、动物权利、道德和人工智能的话题讨论中，无法回避的话题是：是什么使人成为一个真正的人。正如有时候好久不见的朋友会说，你“好像变了一个人似的”。是什么使这个人是这个人而不是那个人？很多关于某个人的同一性，会与一个人的名字缠绕在一起，因此这种关于名字的同一性的实践需要更深入的研究。

大约在公元 100 年，希腊历史学家普鲁塔克（Plutarch）提供了一个非常有意义的话题，一艘叫作忒休斯的木船每年都会产生一些变化，最终，这只船的每一个部件都被替换了，并且所有被替换下来的原始部件都放在一个货仓里。“哪一个是真正的忒休斯船，是货仓里的这些原始部件，还是所有部件都被替换了的船？”当有人这么问时，回答者分为两派，一派认为那艘漂浮在水面上的所有原始部件都被替换掉的船还是原来的忒休斯船，另一派则选择重组那些被损坏的原始部件作为忒休斯船。古希腊哲学家赫拉克利特（Heraclitus）精辟地解答了这个问题：“人不能两次踏入同一条河流。”随着时间流逝，河流中此时的水已经不是彼时的水，因此此时的河流已经不是彼时的河流——河道改变了，河岸也被侵蚀了，河水的源头变了，并且河水的分子也在不断变换。但是，我们仍然称它为原来的河流。

显然，某些事物的名字不再指称原来的事物。名字与事物的关系不大，除了作为习惯性称呼和占位符号之外，没有其他的作用。在佛陀的对话中，名字只是“一种计算的方法，一个称呼，一个标签，一个习惯性的记号”。因为事物在变化。乐队在变化（每一个乐队成员都是这种情况）。运动队在变化——正如喜剧演员杰瑞·塞恩菲尔德（Jerry Seinfeld）开玩笑说：“因为运动员总是在变换其效忠的球队，所以你实际上是在为球衣欢呼鼓劲儿，你在为一个城市的衣服能打败另一个城市的衣服而欢呼雀跃。”人群也在不断变化，戏剧性的是，每 81.3 年就换一代人。

名称的非相关性和我们所建立的关于名称的心理联系阻碍了名称参与更深层次的现实。它们开始真正地表达一些事物。商标名称，如可口可乐，代表了比饮料更多的意义，正如许多其他商标那样，它标志着“成功”。我们深爱的人的名字，往往寄托了很多感情和经历，这些感情和经历会触动我们。而且我们自己的名字能够引发更深的意义，正如当我们和同名同姓的人在一起时，我们的反应将成为名字的证据，或者唤起被小混混取外号和拉到操场上欺负的童年回忆。除去情感因素不说，当我们寻找真的对象（真实的人）时，我们发现名字不再重要。我们改变了视角，而且不再关心习惯。“那是我上周遇到的人。”这使我想起了比尔·克林顿那句臭名昭著的话：“那要依赖于‘是’这个字的意思是什么。”我们知道，他真的是在做哲学上的掩饰，以对付发生在白宫中的某种“事情”。

这就证明了，我们是在两种不同的意思下来使用“相同”和“就是”的。如果你拥有一辆和电视广告中“相同”的车，那么你拥有的是相同型号的车；如果你和你的室友共享相同的车，那就意味着你和你的室友开的“就是”同一辆车。当问题发生在人身上的时候就更有趣了。当我们研究吉姆是不是我们曾经认识的那个吉姆的时候，我们想的不会是“相同型号”的吉姆，而是“同一个”吉姆。因此，未来主义者想到了，实验会发生如下困难：如果我们最后将乔娜的思想下载到一台计算机里，那么在乔娜死了之后，克隆一个她并且植入她的思想，这个乔娜还是原来的乔娜吗？还是一个全新的人，只不过和乔娜比较像？很明显，我们更倾向于前者，尽管这不太道德，如果我死了，并且某个其他的我继续活着，这意义何在？所有情境如上所述。

也许在深层意识中，没有事物能永久保持不变，并且这是一个重要的惯例。尽管这不能在心理上让我们感到舒服，至少它提供了一个机会，能够让我们瞥见自己灵魂深处的这个世界，以及我们在这个世界中的地位。2008 年奥巴马为竞选总统，在演讲台上的演讲正是基于“变化”的，但实际上这次演讲仍然是基于“不变”的，尽管如下车贴不会卖得很好。

只争朝夕！

这个奇幻怪诞风格的车贴标语，类似于那条不太著名的车贴标语“这就是生活”，尽管我们知道，电影《阿甘正传》（*Forrest Gump*）是一部特别辅导级的电影，我们仍然可以深入研究一下。在电影中，已经出名的阿甘正在跑步横穿美国，一个陌生人接近他并说道：“我正在经营一家专门制造车贴标语的公司，并且我已经想好了车贴标语。我想，你也许能帮帮忙……哇哦，老兄，你刚才踩到了一坨狗屎！”

“有时候会发生这种事。”阿甘回答道。

有时候会踩到狗屎。

这则深刻却散发着臭味的格言，两脚站在两个似乎对立的阵营中：东方和西方。两者都有助于阐明这条车贴标语，或者这条车贴标语能够阐明它们。

佛教的一条基本教义涉及放弃欲望，放弃自己最珍视的东西。通过这个办法，我们能够成为宇宙的“唯一”。宇宙的舞蹈被称为业力（Karma），在其中，一切因果联系交错联结，不断变化。日本佛学大师铃木俊隆（Suznki Roshi）帮助我们理解，在出生之前，我们就好比在一个水池里：在出生之际，东方人认为自己是混沌的，正如一滴水，因为和其他水滴分开而感到恐慌。但是，人死之后就能够回到水池里，并且重新体会“唯一”。“能回归原来的水池是多么令人欢欣鼓舞啊！”铃木俊隆说道。他告诫我们，要在现世中体会这个道理，“对我们来说，生和死是一回事。”

也就是说，无论是被老板炒鱿鱼，还是把红色袜子混在一堆白衣服里洗了，或者是踩到一坨屎，这些都是一回事。如果你真的和宇宙的唯一联系起来，那么就没有可害怕或者可诅咒的事情。不好的事时有发生。

西方的解释就少一些诗意了，尽管同样美丽。它要求我们压制自己的天性，去给无意义的现象增添意义和形式。无论发生的事是好是坏，都没必要去持续不断地问：“为什么会这样?”《科学美国人》的专栏作家米歇尔·舍默写道，“我们的大脑是一种‘信任机器’，一种进化而成的模式识别机器，能够从我们认为在自然中看到过的形式中提取意义。”有趣的练习——如把一组星星看成动物的形状，或者在烤吐司上找宗教人物的脸——这经常使得我们偏离真正发生的事情：什么事情都不是。而且当什么事情都不会发生的时候，则有时候会发生不好的事，而且没有必要试图去解密宇宙想要“告诉”你什么，超自然的存在为你储存了什么，即使任何事情都是有原因的，并且你真的需要去侦察。好事会发生，坏事也会发生。巧合而已。

但是我们喜欢玩“非巧合游戏”，当我们阐释梦境的意义的时候，就好像梦境预言了即将发生的事情。在一个 30 年的周期中，我们梦见人的次数超过 1 万次。当一个长久不联系的朋友在我们梦见他在空中飞过之后打来电话，我们赋予这件事以意义。“有什么可奇怪的?”我们宣称。但是，这件事不应该被轻视——算一下这种事发生的概率，我们应该能够预测到这件事会发生。坏事和好事都时有发生。并且那另外的 9 999 个没有打电话的人呢？我们习惯性地忘记他们，是因为这里没有什么可记住的事情吗？坏事又发生了。综上所述，全世界做梦的人，如果做了同一个梦，我们应该能够预测一些做梦的人第二天会接到电话，即使这种概率小到十亿分之一。

我们也热衷于玩儿“意义游戏”，而且这很有趣。我们害怕随机并且憎恨它。为此，苹果公司不得不改变他们在 iPod 上的纯随机“Shuffle”功能，改成“不随机但是看上去是随机的”——人们不会喜欢连续听三首小甜甜布兰妮的歌，即使我们应该能够预测到经过长时间的随机选择后，这种情况总会发生。我们刚才是在做大数据的数学计算。所以电视上播出的心理节目会告诉观众，拿一枚硬币抛十次直到连续十次正面朝上，只需要1 024名观众，就会出现一个成功的人。这时，那个成功的观众感觉到的是，他就是那个被选中的人：“为什么是我？这不是巧合。”他们也许因此将一部分血汗钱给了电视台。

但是事情发生了。一些我们称其为“好的”，另一些我们称其为“坏的”。这就是事情的原因。它们确实发生了。所以我们可以完善《阿甘正传》，通过阿甘的回答，寻求甚至更加精确而简明的：它发生了。

已经拥有灵魂了吗？

这基于你所谓的“灵魂”是什么。严格地说，当你很肯定地问一个人，他所拥有的这个灵魂到底是什么，你经常得到的回答是“我不知道”。那么，紧接着是一段暂停，他给你一个典型的闪烁其词的回答："我的意思是，你懂的。"当你刨根问底时——"但是我不知道，我没想法。那是你自己的东西。"答案往往类似于一些更像诗歌中隐喻的东西，而不是你已经得到的实在的东西。

如果你所谓的"灵魂"指的是"巨大的勇气，朴实无华的、真实的、人类所共有的条件"，那么，是的，去当地蓝调酒吧，等待一个乐队开始演出，那里有很多灵魂乐队。或者，如果你指的是"伴侣"这个词，也就是和你登对的、总是一起笑、相互支持、分享生活的人，那么，是的，这里有"灵魂伴侣"。如果你指的是"本质"之类的那种东西，好比汽车所拥有的，或者一个橘子皮所拥有的，或者任何其他事物或主体，那么，是的，你的汽车拥有灵魂。我们知道你想说什么。

但是，如果灵魂指的是一种"看不见的，当你打喷嚏的时候从你的鼻孔里飞出去的"那类东西，那么这种肯定的回答是无法被证实的，正如格里高利三世和众多信徒引领了启蒙运动那样。当时，"上帝保佑你"的理论，是基于"当你打喷嚏时，魔鬼会从你的鼻子里飞进你的身体"而做的改进，防止人们因此而感染黑死病。而且这奏效了——下次当某人想打喷嚏的时候，跟他说这个理论，看看别人是不是会染上感冒或者鼠疫。尽管在我们当下的政治氛围中，只有打喷嚏者受到保佑是奇怪的：为什么不改变打喷嚏的时代精神而保佑每一个人？

一个肯定的回答，并不意味着“允许我们去爱的事”。正如柏拉图所说，也正如欧文·威尔逊（Owen Wilson）在《婚礼傲客》（*Wedding Crashers*）中翻译的那样：“真爱是你的灵魂对另一个灵魂的回应。”——而且他声称，自己是在一条车贴标语上读到这句话的。也就是说，你不必去编造一个灵魂的故事来坠入爱河。我们的身体会通过自然散发的荷尔蒙帮助我们找到所爱。并且当我们被爱召唤的时候，这种感觉就像蝴蝶一样轻盈。在经历了亲密接触之后，我们身体自己产生的化学物质对寻找伴侣和抚养下一代十分重要。而且当择偶发生的时候，哦，就等着荷尔蒙来敲门吧。在浪漫的行为中是不需要灵魂的。

我们仅仅需要想一会儿，并不是以那种“因为它是荒唐的，所以我相信”这种基督神学家德尔图良（Tertullianus）①的奇幻角度想，而是从同情的角度来想。当然，这是一种当我们刚刚开始理解世界的时候，便可以被理解的角度。在启蒙时代很久之前，当你的洞穴人伙伴死后，你埋葬他那具毫无生机

① 德尔图良是基督教著名的神学家和哲学家。他生于迦太基，并卒于此地，因理论贡献被誉为拉丁西宗教父和神学鼻祖之一。——译者注

的尸体，由于你无法解释这种死亡现象，所以把它想象成一个“灵魂”升到空中，向着一个祥和地方飞去，这看上去应该是最好的猜测了。史前文化几乎都是在埋葬尸体的时候，把死者来世需要用的东西一同陪葬。但是，我们现在了解到在其他时代（如启蒙时代），这种习俗还在继续。例如，在中国被陪葬的无数物品中，包括了价值 122 美元的纸制苹果手机，这样做的人们认为，在人死后无论烧什么东西，死者都能收到并且在来世用这些陪葬物。也许我们最后会接到来自死者的电话，来证明来世的确存在——或许我们不能，这也许是因为送葬的人没有连带着烧一张正确的通讯录给死者。

但是，如果这种灵魂的事在当今文化中不再有用了，那为什么还要保留洞穴与灵魂的比喻呢？但是，即使如爱因斯坦所写的那样正确，“没有载体的灵魂的概念，对我来说好像是空的，没有意义。”继续用灵魂这个词——我们想，我们知道你想要说什么。

读书是性感的。

这张车贴标语的智慧真的涉及了个人口味和因人而异的人

口统计学。因为“性感”涉及萝卜白菜各有所爱的价值判断。对你来说，你也许不同意贾斯汀·汀布莱克（Justin Timberlake）的“重拾性感回归”。这值得为性感寻找一个基础标准。当然，一个人必须关注阅读的内容。阅读如何吃路毙的动物并不性感。阅读车贴标语中的深层含义和自己与身边人之间的内在联系则是性感的。具有讽刺意味的是，阅读在交配过程中精子与卵子是如何结合并孕育下一代的，听上去却不那么性感；而阅读两个相爱的人相互凝视，温柔地在凉爽的夏夜拥抱，则是性感的。

查阅一下词典中对“性感”的定义，以及性感与阅读活动的关系，将有助于我们进一步的调查研究。

1. 唤起性的欲望或兴趣。弗洛伊德主张，我们的性感大部分隐藏在潜意识中。我们了解自身越多，把超我压制的东西体现得越多，就越能够避免我们的自我防御机制，挖掘我们的性动力。阅读在这种深刻反省中，扮演了一种工具性的角色。这是很性感的。

2. 非常吸引人，即有趣。在这个定义下，你是那个由于类似上述原因而选择读书的人，是充满了性感的。

3. 激励。假如你正在阅读他人写的书，书中的概念不是你的，阅读是通过概念刺激而进行的。如果你正在阅读的是你的书（除了编辑），别臭美了，快去变得性感。

4. 淘气。难道这最终没有一点淘气吗？进入其他人的脑袋里分享作者的奇遇、故事、思想和发现？读者可以成为这样的淘气的偷窥者。

5. 活力。阅读真的可以燃烧卡路里，特别是阅读一本让你开怀大笑、哭泣或者握紧拳头的书。对比那些无活力的、不性感的"沙发土豆"，读者可以选择拒绝沙发，而是在树下、咖啡馆喝一杯茶，或者在床上和爱人耳鬓厮磨。另外，保持一个活跃的大脑被证明可以预防阿尔茨海默病——像肌肉一样，脑力不用便会退化，阅读就好比专为大脑设计的一个生机勃勃的小健身室。多么有活力，多么性感！

所以保持阅读。读完这一页，你已经变得比之前性感了。

价值：值得你做的是什么？

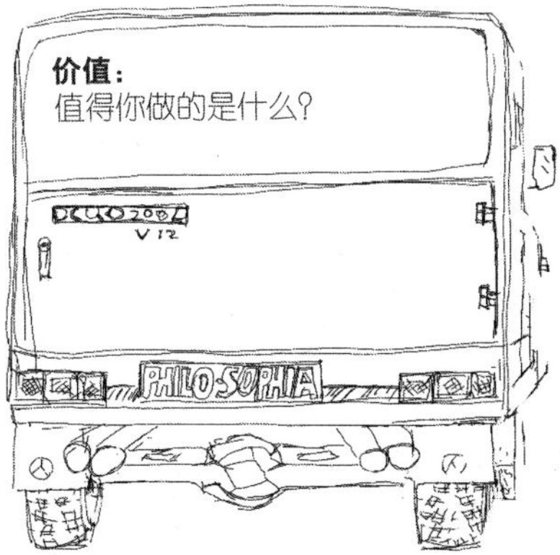

瓶装水是给上当者用的。

在历史上，没有短语比“把冰卖给爱斯基摩人”能更贴切地形容瓶装水的失败了。不仅仅是因为冰融化后是水，而且因为我们就是那些被欺骗的爱斯基摩人。

“这（瓶装水）是一座金山，”20 世纪 80 年代爆发了如此的哭喊，“是蓝色的金子！”

“等等。你们要把不干净、不好喝的水放在瓶子里，并且把它运到世界各地去卖掉，”人们暂停喝水龙头里的水，“卖给那些已免费喝到自来水的人?”

“如果他们乐意每年在电话灵媒上花掉大把的钱，这个要容易得多呢。首先，我们给第一批瓶装水取名为‘纯净’。或者，也许我们应该取一个更原始的名字来吸引消费者，把字改一改，让英语的‘纯净’变成凯尔特语的‘纯净’。我们还要在上面放一张雪山的图片。”

如果美国在这个星期像上个星期一样，或者像上上个星期一样，那么我们就喝掉了十亿瓶瓶装水，并且下个星期还要喝掉十亿瓶。在这个经济飞速发展和关注地球生态环境的年代，这种生活之水必须更加洁净，更加好喝……对吗？

大多数蒙着眼睛的品尝，都用事实证实了水龙头的水更好喝。这并不奇怪，因为水龙头里的水经过了更严格的监管。甚至是在更加高端的品酒业，昂菲利斯专家（对“酒业假内行”的戏称）很容易被欺骗而认为加入了红色食用色素的白酒是红酒，或者同样的酒放在标价 90 美元的瓶子里，比放在 10 美元的瓶子里更好喝。好吧，所以人类是容易被欺骗的。他们容易形成先入为主的价值观。这会带来哪些危害？

对消费者来说，唯一的伤害就是，你花了更多的钱却喝了被更少监管的产品。对于环境，唯一的伤害就是，由运输沉重货物到世界各地而产生大量废气，以及大量的空瓶子。作为成千上万个喝不到安全的水的人之一，你也许没有读到这本书。

进一步讲，普林斯顿大学伦理学家彼得·辛格（Peter

Singer）使用了“地球村”这个概念。他建议，我们对地球村里的所有居民都负有道德责任，即使我们看不到他们，特别是当我们可以这样做，而不必“牺牲任何道德上重要的事”时。正如他通过清晰的例子所表明的，如果救起一个溺水的孩子只会被污泥弄脏裤子的话，我们就应该去救。

斐济之旅是一个绝佳的说明。因为斐济的地理位置和火山土，当地大部分居民都无法得到安全的饮用水。斐济的公司却在他们的网站上吹嘘：“斐济的是一个偏远的地方。但是当谈到饮用水的时候，‘偏远’就非常非常好了。”所以他们在每个瓶子上都印上了一朵木槿花，然后将它们运到1万英里以外的旧金山。在旧金山，某个人正坐在通过水管可以用上从约塞米蒂山谷[①]的山泉里流出的安全饮用水的浴室里，喝着斐济瓶装水。这位在浴室里的人根本不知道，瓶子里的水比水管里的水有更多的类粪便物质。斐济水里的大肠杆菌细菌群落——在人类粪便里也能找到——比建议标准高三倍。正如前面的车贴智慧告诉我们的，“有时候会踩到狗屎。”但是谁会喝着味道怪怪的还有附加物质的瓶装水又说声谢谢呢？

所以，鉴于在我们的地球村中，每天都有成千上万的人死

① 位于美国加利福尼亚州中部。——译者注

于由水传播的病菌，辛格建议："我们应该把钱放到存钱罐里……带上一个水瓶……把所有的钱发给真正有需要的人。然后你就不那么糟糕了。"

有趣的是，通过不那么有趣的方式，为了每加仑便宜 20 美分，我们要开车 10 分钟去买 15 加仑汽油，然后走进加油站，花 3 美元买我们本可以免费得到的东西。别再上当了。

艺术无处不在!

没错，是又不是。如果你的意思是，"你是谁，凭什么跟我说这块空帆布不是艺术?"那么就是。如果你希望"艺术"意味着任何东西，那么就不是：如果任何东西都是艺术，那么什么都不是艺术。思考一下，在一本词典里艺术有这样的意思：(1) 所有事物；(2) 任何事物；(3) 无论是什么事物。

哲学家并不对在"什么是艺术"这个问题上颇费笔墨感到奇怪，后现代主义以此为开端提供了一个答案，仅仅在上述拙劣的模仿的基础上前进了一小步，基本上说的是只要一个人认为它是艺术，那么它就是艺术了。在这里，我们至少有一个标准：有些人因为某些原因，不得不把某些事物当作艺术。这可能给我们留下更多希望得到解释的东西。当我们走进一个房间，看见一支铅笔放在地板上，我们需要调查成千上万的人，来判定，在我们宣布它不是艺术之前，是否有人把它视作艺术。

“以目的为基础”的理论促使我们更进一步地回答这个问题——也就是说，这不是观众的判断，而是创造者的判断，如果某个人带着创造艺术品的意图创造了一件东西，那么它就是艺术。正如我们的铅笔，我们只需要寻找是否有人有意图将它作为艺术创造出来，并且宣称它就是艺术。观众的意见在这里不起作用。

作家兼哲学家列夫·托尔斯泰，给“什么是艺术”一个恰当标题：感染力。这给了我们一些更深层次的东西。他建议，真正的艺术要求观察者“被创造者感受到的感觉所感染”。这就好比把我们带到更接近艺术分类的地方，尽管我们必须担忧，如果我们没有从贝多芬的《欢乐颂》中感受到贝多芬想要表达的欢乐，那么是否能因此宣布它是“伪艺术”。

现在我们已经使得这个话题完全扑朔迷离了，我们甚至进入一个更加有压力的问题：“什么是好的艺术？”这是毕加索的另一种颜色。从语用学（与政治学）的角度，美国政府的国家艺术基金会声称要回答这个问题。在“伟大的国家需要伟大的艺术”的旗帜下，他们的任务之一就是“支援杰出的艺术人才”。2008 年，他们拥有超过 1.4 亿美元的预算来完成这项任务。过去，他们将奖金颁发给安德里斯·塞拉诺（Andres Serrano）的《尿溺基督》（*Piss Christ*）（一罐尿液里面浸泡着基督像）和罗伯特·梅普尔索普（Robert Mapplethorpe）的情色图片。

柏拉图曾经写道，“除非一个人明白科学是什么，否则他不可能明白鞋子的科学。”当这一引用恰当地描述了我们的创造者(“科学”倡议者）的时候，同样强调了在给已有的概念赋予价值时所遇到的困难。所谓好的艺术作品和创造技巧有关联吗？虽然差不多每个吉他初学者都能弹奏绿日乐队创作的大部分曲子，此乐队仍然获得了嘉誉。安迪·沃霍尔（Andy Warhol）的《红色灾难》（*Red Disaster*），让任何艺术新人都能够挑战：一块纯红色的帆布。把他这块现在挂在“波士顿博物馆优秀艺术作品展”上的红布称为灾难，才一点儿都不为过（这句话的重点在“优秀”上）。同样，不是所有的艺术作品都难以称为好作品。所以，好的艺术作品必须流行吗？毕加索的《拿烟斗的男孩》（*Garcon à La Pipe*）如此好，是因为在最近的拍卖会上，它卖出了 1 亿美元的高价吗？尼尔·戴蒙德（Neil Diamond）比绿日乐队更好，是因为前者卖出了更多的唱片吗？但是，梵高在他有生之年，连一幅作品都没卖出去。认为梵高不是优秀的艺术家是奇怪的，但是仅限于现在。也许，人死了比活着更出名。

这个话题所提出的问题比能解答的还多。也许，部分是关于艺术的哲学。但是，答案存在于这个领域之内，而且这个无法解答的问题恰恰体现了，正是因为“别具一格”，才使得艺术具有如此的魅力。

禁欲：100%有效！

这个车贴是如下运动格言的必然结果：“生活就如同打篮球，不去投篮就100%不会中。”在这则车贴标语的情况下，这条运动格言正视的是这一点：不投篮。在我们这条非运动型车贴标语的情况下，大部分人大部分时间只是想玩玩游戏，投几次篮，并且在他们把球投向篮筐之后就快乐地走开了，而且假设——甚至是期待——球没有入筐。孩子们很早就开始自己练习了，他们经常想象着自己在某个球队中。而且如果你完全不想练习，本能会在你睡觉的时候，悄然来强迫你去玩儿。这就好比我们的身体不管我们乐意不乐意，都会驱动我们去做爱。

与兴趣无关，最近的研究显示，做爱能够带来很多好处：分泌内啡肽、增强免疫力、提高感官灵敏度、心情愉快，等等。增加做爱次数，从每周两次到每周三次，能够延缓衰老，不但能使外表显得更加年轻，还能增加三年寿命。所以，你可以扔掉所有那些化妆品和护肤品，奉行“要做爱，不要战争”的车贴标语。这就好像我们的身体把选票投给了利用生活的那个方面：做爱并且繁殖。

这个车贴智慧是真的，只有一种情况除外：所有的所谓处女生育。这类故事比许多人认为的还要频繁。在圣母玛利亚以处女之身生下耶稣的故事所产生的年代里，大批类似的传说也在流传，包括印度教的克利须那神、成吉思汗、古代埃及的太阳神何露丝、古代埃及司生育和繁殖的女神伊西丝、罗马众神中的使者墨克瑞、古罗马战神之子罗慕路斯，等等。这些早期的作者真是走运，他们在版权法和抄袭罪诞生之前就写出了这些故事。不过部分关于圣母玛利亚的事迹出现的时候，我们意识到《圣经》里所引用的语言，在希伯来语里的意思是“年轻女人”（舞女），被误译为“处女”——可以理解，“年轻女人生育”不太适合建立一种宗教。

一条更佳的车贴标语也许是，“禁欲：孕育超自然存在的最佳方式。”尽管许多物种都能以无性生殖的方式繁育后代——众所周知的“单性生殖”一词，就是希腊语“单性”（处女）和“起源”（创造）的组合——如各种蠕虫、鱼和科莫多巨蜥。我们可以想象一幅《远边》（*Far Side*）的卡通画，很多年以前，一只变形虫通过无性生殖分裂成两个，分裂出来的这两只变形虫通过有性生殖交配，产生了下一代。

把无性生殖放到一边，很明显，禁欲可以预防怀孕，对一些人来说，这是一种可行的生活方式。佛教告诫人们，要拒绝和所有非永恒的事物接触，包括和人类接触。通过这种方式，一个人可以避免在通往涅槃的道路上受到阻碍——从宇宙“唯一”中获得心灵的平和。在佛教的极端禁欲和纵欲之间，也许存在一个机会可以取得柏拉图所谓的中庸，正如希腊哲学家泰勒斯（Thales）所说的，“所有的事情都要节制。”

但是这条车贴标语略略提及了“只禁欲教育”，提供得更多的是理论上的例子而非实际操作。在理论上，告诫一个 13 岁的孩子，“别做爱，那会让你生下小孩儿，然后你所有的梦想和前途就都毁了，而且你还可能染上性病，然后你的‘小丁丁’会掉下来。”这是足够的。不幸的是，在实际操作中，这并不奏效。研究显示，禁欲方案和避孕教育、信息方案相比较，失败率很高。具有讽刺意味的是，它还导致了怀孕率的增加。一些方案建议，鼓励让青少年签订“处子宣言”，尽管将初次性行为的年龄推迟了，但是当他们最终打破了在13岁时所签的誓言的时候，比没有签署“处子宣言”的青少年更不愿意采用避孕措施。

只禁欲教育，就好比告诉一个15岁的孩子，他必须等到21岁的时候才能喝酒，但是如果他真的在21岁之前就喝酒了，却不能阻止他接下来驾车回家。不幸的是，这恰恰是天主教教会所做的。教皇最近访问了非洲——在那里艾滋病的肆虐比其他任何一个大陆都严重，而且艾滋病病毒主要是通过性关系传播的——他告诫当地人，“艾滋病病毒不能通过分发避孕套来避免。”正如天主教教条清楚地宣布的，所有的禁欲都是不好的：“每一个精子都是神圣的。”蒙提·派森喜剧团唱道，“每一个精子都是好的。”世界健康组织警告，这种世界范围内的传染病已经害死了2 000万人，而且他们强调，必须分发安全套。但是，宗座正义与和平理事会主席、红衣主教阿方索·特鲁希略（Alfonso Trujillo）却传递了错误信息，他对众人说，安全套上有微小的细孔，这会使得安全套失去作用。作家克里斯托弗·海森（Christopher Hitchens）发现，很少有人能像特鲁希略这样“利用权威，用最少的文字造成尽可能大的影响”。尽管近来，大量的天主教教职人员的性丑闻爆发，然后都被当权者掩盖下去了，但是性教育恰恰是这些教职人员需要接受的。

这带来了核心数据——实际操作并不支持只禁欲教育——理论。把一个潘多拉魔盒放到孩子手中，告诫孩子无论如何也不要打开盒子，其结果已经被古希腊故事家所预见了。好奇害死猫，而且正如哲学家托马斯·霍布斯（Thomas Hobbes）曾经写的，“这是思想的淫欲”。但是，它不会置我们于死地——我们只需要被好好地训练，学习如何去玩这个游戏。

车上有婴儿！

典型的标志是在车窗上挂一块黄色的菱形标志作为警告，这种车贴还会以车贴标语的形式出现。如果你放一块“车贴标语”在自家墙上，它也不会变成“墙贴标语”，所以，我们这里强调的是车窗贴花式的车贴标语。

1984 年，某公司开始生产这种车贴标语，用以“提高驾驶员的注意力并使孩子安全”，随后便流行起来。如果你像大部分驾驶员一样，从来没有撞到过载有儿童的交通工具——很显然这起到了作用。假设是这样的，如果你的车打滑而失去控制，你把豆奶洒在了羊绒衫上，你会防止撞上贴着“车内载有婴儿”的车，转而撞上旁边那辆没有婴儿的倒霉的车。婴儿得救了。还可以假设，这些警示标语恰当地表达了它们想说的，当驾驶员和朋友驾驶经过时，如果其中一个人看到了一辆车停在炎炎烈日之下，而且车上有这种警告标志，驾驶员们应该停下车去看看车内的宝贝是否安好。

这些标志遭遇了和那些印第安风格的挂在后视镜上起保佑作用的装饰品（现在是违法的[①]）相似的命运，例如，幸运色子、耶稣受难雕像。我们挂起这些东西是为了（错误地）获得安全感：如果我们挂上了“上帝在看”、“房子里有幸运女士”或者“车内载有婴儿”的车贴，不会有什么坏事发生的。但是，相反，正如那些选择喝“魔法水”，而不是看病吃药好好休息的病人一样，这些东西只能使我们本来就不完美的视力更加模糊，结果是造成更多的交通事故。这就好比加载了一个盲点。而且滑稽模仿车贴——“宝贝在开车”、“宝贝我烦了”、“岳母在车厢里”——现在超过智慧车贴五倍，可见因果理论而不是预防获得了更大的影响力。

这大部分源自人类对做事的倾向，人们更倾向于做些什么而不是什么都不做，即使“一些事”会带来更坏的结果——这是心理学家所说的“行动偏见”。结果是，它所造成的消极感

---

① 此处指在美国的情况。——译者注

是，即使行动会降低成功概率也要去做些什么，因为什么都不做就会失败，而不是抵制对失败的恐惧，等待更合适的时机再行动。我们情愿失败地说“至少我尝试过了”，而不是保存实力等待时机。例如，在证券交易中，持股不动（也就是没有行动）往往是最有利的做法，但是持股人更希望看到自己的股票经纪人忙来忙去，毕竟，客户不希望付钱给什么都不做的人。

所以，至少我们可以理解需要“去做一些事”，然后挂起车贴来增加一个盲点。秉持“人人生而平等”的精神，我们可以假设“车内有人”这样的警告标语，而不必真的把它挂起来。然而，这并不意味着我们就可以肆无忌惮地撞别人的车了。

女权主义是一种激进思想，竟然声称女人也是人。

这张车贴标语提供了一个展示话中有话的语言技巧的机会。正如你——一个聪明的资深读者——所知道的，这是一个带讽刺性的语句。问题是，在这个世界的某些地方，这种修辞是不起作用的，更糟糕的是，这句话说的的确是事实。像沙特阿拉伯这种地方，被强暴的女人反而会被关进监狱。在非洲国家、英国、挪威和其他一些地方，大约有1.2亿的年轻女孩不得不遭受割礼，或者在大多数工作领域和科学研究领域里遭受性别歧视，这些领域往往标注着“性别偏好”的标签。

很多机构不会给女性提供与男性同等的机会。比如，在天主教教堂里就必须男女有别。比如耶稣是男的，只有男的可以出任最高级别的神职，例如，牧师、主教和红衣主教，而女人永远被禁止拥有这些神权。在某种意义上，是男性神职人员和女性“教堂”结婚（也就是“她”）。因为女人不能和女人结婚，教堂里的教理禁止女性获得这种颇受尊重的职位。那些被教义要求向圣人学习以求有朝一日成为圣者的人［如托马斯·阿奎那（Thomas Aquinas）］曾经写道：“女人是‘有缺陷的’，而且是‘发育不健全的’。”

接近现代以来，著名理论家、马丁·路德主义创始人马丁·路德，分享了他的洞见，宣布“女孩儿比男孩儿更早学会说话、走路，就好比野草长得比麦子快”。而且最近，有名的共和党专家、自称为“上帝之声”的拉什·林博（Rush Limbaugh）的言论更是颇具争议，声称“女权主义的建立，就是让那些长得丑的女人能够进入主流社会。”他进一步把女权主义称为“女权纳粹”，就好像追求性别平等和恐怖的德国纳粹主义有某种联系似的。

女权主义有时候也会搬起石头砸自己的脚，就好像为了扳平以前受到的歧视而矫枉过正，希望以此达到性别平等的目的。加利福尼亚大学洛杉矶分校的女权主义者桑德拉·哈丁（Sandra Harding）认为，艾萨克·牛顿的《自然哲学的数学原理》（*Principia Mathematica*）是一部“强奸指南”，因为“科学就是男性对女性天性的蹂躏”。而且苏珊·麦克雷（Susan McClay）解释道，贝多芬的第九交响曲——“在音乐中最可怕的片段之一”——是如何描绘了“不能被释放的强奸犯的紧绷着的愤怒”。这样说下去，某人可能会想象一个女权主义者认为，本文中不断重复出现的字母 i 代表着男性生殖器官。

在我们泼洗澡水的时候连着孩子一起泼掉之前，我们应该先看看当今舆论。现在因果理论大行其道，经常被讨论的是先天与后天之间的冲突。问题是，哪一方才是造成男女之别的原因？

在后天培育这方面，我们经常讨厌“性别女权主义”，因为她们否认男女生理上的差别是造成男女差异的原因。“胡扯！”贝拉·阿伯祖格（Bella Abzug）说道。性别女权主义者认为男女之别是社会因素造成的，比如抚养方式和文化影响。但是，科学研究结果支持先天这一原因（支持“公平女权主义”阵营）。用来创造男性胎儿的“能源”（雄性激素）和创造女性胎儿的“能源”（雌性激素）大大不同。因此，性别不同是普世的，不仅仅是在西方文化中，而且男人的大脑体积更大，拥有更多的神经元，与此同时，女人拥有更多比例的脑灰质。这就造成了美国人没有在任何重要方式中，区别对待儿子和女儿。正如职业规划问卷所显示的，两性仅仅是拥有不同的兴趣，男人对“现实的”和“理论的”职业更感兴趣，女人则更热衷于“艺术的”和“社交的”活动。不用怀疑，他们在各自的领域里都能获得成功。

这显然是十分有趣的，特别是当一个人开始写男人和女人更像是来自不同星球的人。但是，我们的车贴标语是从伦理角度来考察的。“不同”不必意味着一方好于另外一方，即使当权者告诉你，的确是一方更为优越。甚至即使有任何现象显示，他或者她的确是来自另外一个星球，他或者她的权利也没有受到半点损害。假如男人和女人大多喜欢不同类型的电影［女人们更加倾向于沉浸在小女人类电影里获得欢愉（“小女人电影”这个短语，首次出现在一篇支持女性主义的文章中），而男人们更喜欢看纯爷们的电影（请查阅维基百科什么是“纯爷们的电影”）］呢？假如一个团体比另一个团体跳得更高，或者能举起更重的东西呢？在日常生活中，两性差异的确是存在的，尽管没有一条不同能够赋予某群体更多的权利。否则，看上去就比较激进了。

一个人怎么能够做到既为生命辩护又为战争辩护？

这个问题显然体现了提问者预料到回答问题的人将会如何回答，而且答案是自相矛盾的。一个能够设想的针对这个车贴标语的答案，可以从两个方面来回答：胎儿是无辜的，而邪恶的暴君应该得到应有的下场。更重要的是，战争可以防止更多无辜的人死去。

用一种更加过分、更加直白的方式表达，这条狡黠的车贴标语就是：

> 一个人怎么能够既为生命辩护，又为死刑辩护，既为贪欲辩护，又为战争辩护……别惺惺作态了。

这个关于如上狡黠说辞的句子（或者说指责）——说出这个句子的人，也许不会经常被邀请参加复活节早午餐——需要更多的解释。该车贴标语的开头“为生命辩护”，提供一个很好的开场白，因为战争和死刑显然不像是“为生命辩护”的，但又不是基督教的。

指出《圣经》里面对于死刑的立场，就好比试图把果冻钉在树干上。在《圣经·创世记》中，即使在该隐杀害了弟弟亚伯之后，上帝仍阻止人们报复该隐：上帝在该隐的额头上记下了一个记号，以一种奇怪的具有攻击性的方式说："凡杀该隐的，必遭报七倍。"因为杀该隐而遭七倍"杀"并不是真正被杀死，这提出了一个有趣的智力上的挑战，但是"杀"不是真正杀死是明显的。但是通读整部《旧约圣经》的其他章节，我们发现许多罪行的惩罚方式，都是被施以石刑、戮刑、火刑至死，如在安息日工作（例如，一个男人在安息日下午收集了一些木柴[①]），或者回头看一眼正在毁灭的城市（例如，罗得的妻子——她被变成了盐柱[②]）。我们在《圣经·申命记》中读到一个有趣的对《圣经》法律的翻转，在这个翻转中如果女人已经订婚而遭到强暴，那么施暴者将被处以死刑，但是如果此女是

① 安息日（the Sabbath）是犹太教主要节日之一。Sabbath 一词源于阿卡德语，本意为"七"，希伯来语意为"休息"、"停止工作"。犹太历每周的第七日（自星期五日落到星期六日落）为安息日。犹太人谨守安息日为圣日，不许工作。——译者注

② 神将硫磺与火从天上降下，要毁灭所多玛和蛾摩拉两个罪恶之城的时候，天使引领罗得全家，并催逼他们出城去避灾，又警告他们不可回头看，也不可在平原站住，要往山上逃跑，免得被剿灭。不料，罗得的妻子在后边回头一看，就变成了一根盐柱。她因留恋在城里的家产，舍不得那些将被火焚毁的财物，因此遭到不幸而至灭亡，成为后世之人的鉴戒。——译者注

单身，那么施暴者就会被宣判娶其为妻（并付给丈人 50 个银币）。但是，就以上内容，我们却在《圣经·利未记》中读到如下文字，“不可报仇，也不可埋怨你本国的子民，却要爱人如己。”

正如我们得到了来自基督的仁慈，《新约圣经》提供了更多被宽恕的机会，“有人打你的右脸，连左脸也转过来由他打。”但是在同样“新加入”的教条里，基督却强调了“摩西法典”，即谁要是侮辱了他的父母，“就让这个人死去吧。”

说到“反战”这一点，托马斯·阿奎那和教会其他的主要人物，支持“正义战争”理论，当有标准可循的时候即维护战争。而且教会的确在中世纪的时候支持了十字军东征以从穆斯林手中夺回圣地耶路撒冷。但是，真的很难想象，一个士兵心怀着基督的“爱你的敌人”的教诲，同时杀死敌人，并造成一些“附带伤害”；当一个高级牧师为武器赐福，让它“把敌人炸成碎片”的时候，进入脑海的是蒙提·派森喜剧团的“神圣手雷”。一个偶然泄露的信息显示，国防部长迪克·切尼（Dick Cheney）展示了无数页纸，描述美国士兵全副武装，就像《圣经·以弗所书》中诗文所描述的那样“要穿戴神所赐的全副军装”，以及《圣经·诗篇》“耶和华的眼目看顾敬畏他的人”。伪善？你来做评判。

我们不断地扣动扳机，扫射放在桶里的鱼，这违反了“反贪婪”的告诫。《圣经》对此描述得非常形象：“骆驼穿过针的眼，比财主进神的国还容易。”其实，这本书里已经充满了比让骆驼穿过针眼儿还离谱的事，事实很明显。奇怪的是，很多基督徒在《圣经》的教化下变得非常有钱，包括捐赠了多栋大教堂，据说有的传播福音者每年能赚 300 万美元。

一个更刨根问底的问题是：基督教教义应该对死刑、贪婪和战争等问题进行干预吗？这就好比让《星球大战》（*Star Wars*）的导演乔治·卢卡斯（George Lucas）发表声明说，有时候杀死自己的父亲是可以被允许的。篮球的篮筐应该离地面 10 英尺是不需要说明的。这是他们的游戏，是他们的规则。如果一个人不喜欢他们的规则，可以发明一种新的游戏或者玩别的游戏。在这个世界上，有超过 1 000 种游戏（宗教）可以玩，包括真实的绝地武士教，据 2001 年人口统计，其成员在英国已经达到 39 万人，成为该国第四大宗教团体。他们还没有在死刑、贪婪和战争的问题上发挥自己的特殊影响，于是就没有遭到类似的车贴标语的攻击。

我的孩子是好学生，是最好的孩子……

好的，好的，我知道了。你的孩子比我的孩子强。不仅如此，你说的不是“我比你强”，而是说“我的孩子比你的强”，所以听上去，你是（或者至少曾经是，根据车贴标语的时态）比我们任何人都厉害的家长。我无所谓。对于那些有所谓的家长来说，也许会奇怪于你的自吹自擂。

我的孩子比你的得意门生还优秀。

以另一个类似的思维角度，有些人甚至涉及该和怎样的人做爱。因为在这种情况下，“荣誉”涉及给学生打分和赋予品质，让我们从深入探讨“品质”的概念开始。

有些奖学金假设我们能够很好地抓住品质并且赋予价值，尽管“品质”在实际操作中是经常变化的。当我们认为它们本身就有价值的时候，一个东西或者某个行为能够保持其内在的价值，或者当我们在它与其他同类事物的关系中来评价它的时候，它具有相对的价值。1 000 万美元对于现在的你来说非常有价值，但是当你在一个孤岛上的时候，这 1 000 万美元对你来说和一张用来晚上点燃取暖的纸没有区别。所以价值是相对而言的。你的祖父的第一首手写诗，无论如何在市场上是没有多大价值的，但是对于你的家人，从本质上来说却具有潜在的巨大价值。

所以，是谁给事物赋予价值，而且想借此表达什么呢？正如罗伯特·波西格（Robert Pirsig）在他的哲学小说《禅与摩托车修理技术》（*Zen and the Art of Motorcycle Maintenance*）中对“品质”的描写，“你应该知道它是什么，但是你不知道。如果不知道它是什么，那么对于所有的实际目标来说，它根本不存在。但是，对于所有的实际目标来说，它真的存在。判断的基础是什么？”也许我们应该转而求助专家：大学教授。

2000年，美国宾夕法尼亚州克莱瑞恩大学研究人员向学生发放了120张试卷，并让8名教学人员给每张试卷评分。正如你所想象到的，分值之间差别很大，同一张试卷会得到不同人给出的不同评分。所以，如果X教授给你的试卷打分，然后你得到了一个A－和车贴标语。如果Y教授给你打分，那么是C－，没有车贴标语给你。Y教授的学生也许是打败X教授所有好学生的那个学生，或者和那些好学生做过爱，或者最起码曾制作过羞辱他们的车贴标语。这种沮丧是可以理解的。

如此想来，学校其实就是那个制作车贴标语，然后每周分发给学生的地方。所以，希望一个学生做什么呢？仅仅是在他的算数本上继续贴小笑脸和小星星吗？

道德：重要的是在道德上站得住脚

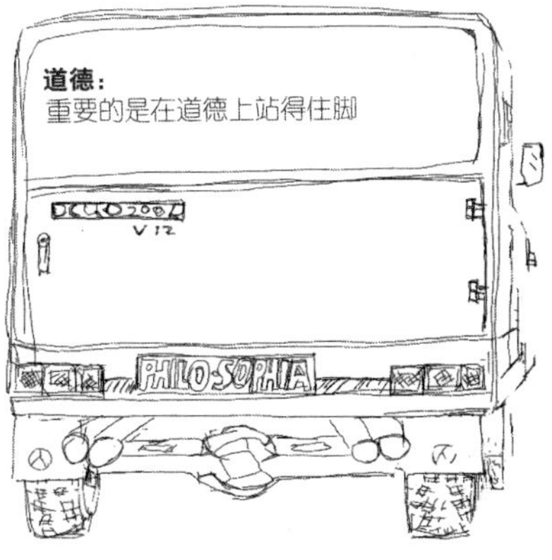

随心随意求美，无来无由行善。

随心随意求美，无来无由行善，这是最无私的行为，这样做的人往往不会只顾一己之私。但是，一些人认为，世界上根本不存在所谓的“无私”行为。他们利用语义学上的技巧得出如此结论。所有具有目的性的行为都源于行为人“想要去做”。在电视剧《老友记》（*Friends*）的一集中，菲比责备乔伊，因为后者为了上电视而花费了大把时间去出演一个不道德的、自私的角色。然而，乔伊反唇相讥，声称这世界上根本不存在所谓“无私的行为”——比如，菲比为不能生育的弟弟和弟媳代孕，是因为菲比看重与家人之间的关系；她积极行善，仅仅是因为她能从中汲取快乐。最后，菲比也找不到纯粹无私的行为了。这种犬儒式的揣测也许能造成如下回应：

随心随意与无来无由。

通常情况下，坏的推理必须由好的逻辑来解决。如果用“自私”这个词来形容所有的行为，那么就使“自私”这个词失去了意义（如果“无私＝自私”，那么“自私＝自私”，同义反复）。这就好比，我们把人工香料放在自然食材上，然后声称人工香料也是天然的（如果“人工＝天然”，那么“天然＝天然”并且“人工＝人工”，同义反复）。那么，到底怎么解决这种情况呢？为了获得意义，一个词必须拥有至少一种被错用的可能性。

在安·兰德（Ayn Rand）所写的离经叛道的著作《自私的美德》（*The Virtue of Selfishness*）一书中，逻辑和推理驱动她为“自私”下定义——帮助我们避免对“自私”的习以为常的偏见。她认为，只有当一个人基于“他的自我理性和自我欣赏”而使自己成为“自己行为的受益者”的时候，他才能获得真正的快乐。她宣称，盲目的附和、未经思考的利他主义，会使道德更像我们的敌人，而不是我们所追求的那种道德。盲目附和的人与未经思考的利他主义者无法真正地评价自己（顺便说一句，这种人不值得去爱），并且造成一种道德绑架，就好比“我收到了一份未经我挑选的圣诞礼物，我不但不喜欢它，而且必须回赠送给我礼物的那个人”。我们没必要做出牺牲或者接受他人的牺牲，与其附和贴纸上的标语，不如为了自己而活。兰德的观点更接近另外一条贴纸上的标语：

利己主义和残酷逻辑的行为准则。

哦，那位特雷莎修女是如此自私，她总是希望帮助别人，就因为她想在死后升入天堂。她的做法依然很难称之为自由的或是无目的的，也不是非常不假思索的。也许这条车贴标语并不适合她。她发誓固守清贫，当然这使得她连车贴标语都不能拥有。

现在流行一个新发展出来的先进理论——共赢。“如果你替我挠背，那么我就会替你挠背。”正如在电影《超级坏》（*Supermine*）中那样雄辩且义正词严。此理论是这样发挥作用的：假如在石器时代，当人类还在洞穴居住的时候，你是“痒痒挠”部落的原始人，而你的朋友是“克莫格”部落的原始人，那么当灾难降临时，哪一方存活下来的概率更高、更能觅食、更愿意照顾幼儿，甚至是更容易找到伴侣呢？是你（不仅仅因为你是如此可爱）。所以，时过境迁，你这些令人喜爱的特点遗传给了下一代，并且代代相传，而那些自私的原始人都已经在他们可以繁殖小原始人之前就灭绝了。瞧，这就是说我们演化出了乐于助人的特质。即使是在原始部落的时代，能够互相帮助的部落才能够继续生存，而那些没有行为规则的自私的部落却灭绝了。你可以在草地上尽情打滚儿了。

苏格兰哲学家大卫·休谟（David Hume）认为，这种共赢的道德行为像觅食和求偶一样，是自然进化的结果：在做好事或者深思熟虑后得到荣誉而产生的美好感觉，已经在我们的种族中很普遍了，这也是天性进化的结果。所以，这个车贴标语和“练习每天吃三块肉”的车贴标语的本质是一样的。缺少食物会造成身体的死亡，缺乏慈爱和道德则会造成存在意义和精神上的死亡。这就是伦理之美：它不是教人如何生存，而是教人如何生活。

对于“无来无由”来说，很难想象实践有组织的、有秩序的、经过计划的善行有什么不好。而且对于“随心随意”来说也是如此。所以有计划地去行动吧，而且，如果你喜欢，就可以使它们充满意义。

宗教使得穷人不会去谋害富人。

近来家长们已经开始在他们十几岁的孩子的车上安装监控摄像头。结果是：更多的孩子系安全带，冒险行为减少了，交通事故减少了。这符合人类单纯的天性：如果你相信你正在被一个权威所监督，你会遵从他立下的规矩。如果一个司机在他知道自己被监督的情况下仍然闯红灯、在居民区高速行驶，甚至酒驾，我们就要严肃对待他了。唯一真正的解释就是，他不认为自己被监视着。这种推理同样适用于那些声称有一个永恒的存在不停地看着他们，却依然选择去做那个永恒的存在所不允许的事，甚至是当惩罚会比带走他们的车还要严重得多的时候。唯一说得通的解释是，他们实际上不相信那个永恒的存在真的存在。

这张车贴标语做了一个关于道德和人类天性的假设，强调了经常被引用的陀思妥耶夫斯基（Dostoyevsky）的话："假如没有上帝，那么任何事情都是被允许的。"但是对于那些希望伦理源于上帝的人来说，问题是，假如确认上帝不存在，该怎么办？我们一定会得到一个肯定的回答来回应如下问题："如果你得到'上帝不存在'的证明，你会开始偷窃、谋杀、强奸等恶行吗？"至今没有一个相信上帝存在的人这样回答。这表明，道德的"神授论"并不是真正驱动他们的动力。道德一定是由其他事物所驱动的。

迄今为止，政治领袖们仍在采用这种因果论来分析犯罪。正如众议院多数党领袖汤姆·迪勒（Tom Delay）所说的，1999 年在哥伦拜恩学校发生的惨剧要归咎于一个教给孩子"他们是从原始泥汤中进化而来的大猩猩”的教育系统。他比这个车贴标语更进一步、更直白地讲道：“教给孩子们神话而不是事实，是为了防止穷人谋杀富人。”

2005 年《信仰与社会杂志》(*The Journal of Religion*) 所做的一项研究，调查了来自 18 个民主国家的超过 8 亿人，对这个特殊问题进行探索。研究旨在探索“宗教人士”（坚信《圣经》的写实主义与创世者的存在，进行频繁的祈祷与宗教服务）与机能障碍（例如，杀人罪、平均寿命缩短、性病感染、堕胎、青少年怀孕和青少年犯罪）的关系。

美国的“宗教人士”数量最多，在“绝对相信上帝存在”、“严格考据《圣经》”和“每周至少祈祷几次”（尽管有些奇怪的是，不在“每月参与几次宗教服务”中领先）的项目中遥遥领先。所以我们这张车贴标语的主人应该被预期表现出更大的宗教纯洁。但是，美国也有最高的人均谋杀率、青少年犯罪率、青少年梅毒和淋病感染率，同样，堕胎和少年怀孕者的比率也居首位。结果是，最不受教会管辖的、实质是民主国家的地区，表现出了最低概率的性机能障碍、死刑犯罪以及堕胎率。尽管在挪威人口中，不相信超自然能量的人数占绝大多数，但全球和平指数显示，他们是世界上最和平的国家。人类发展指数也显示，他们在过去的连续 5 年中蝉联第一名。幸运的是，在挪威没有一个领导人被报道曾经说过老乔治·布什在1987年竞选中所说过的话："我不知道无神论者是否应该被当作公民。"尽管不做公民至少不用交税，挪威的4 000万公民应该感谢他们的幸运星把国家和宗教分开了。

在近代历史上，世俗人道主义（一个无神论的代码）出现在道德对话领域中。1933年，第一份"人道主义宣言"成为人道主义的信条。直到现代，宣言又纳入了"倡导个人价值的实现、追求更大的良好道德生活"的要求。"现世人道主义委员会"荣誉主席保罗·卡兹（Paul Kurtz）撰写了人道主义的核心价值，如"实现并增强人类的满足感"，这就带来了对"同情心、利他主义和美好愿望"的需求。正当这些条款继续深入细节化的时候，一个人可以从这些简单的节选中看出来，这些作为领导的人道主义者很少鼓吹"每个人都是为了自己"的道德真空，在这种"每个人都是为了自己"的道德真空中，来自上天之眼的宗教建议往往是不根据条例而出现的。

我们的车贴标语的所有者好像希望对宗教出一记损招。通过这样做，他却事与愿违地架构了一个对宗教团体进行防御的主要架构。而且，结果是任何一面都不对：宗教没有防止人做坏事，也没有使得信仰宗教的人比不信仰宗教的人更有道德。感谢上帝。正如爱因斯坦曾风趣地说："如果人类都是因为害怕惩罚和渴望奖赏才表现良好，那么我们就太悲哀了。”

别对我指指点点!

人们利用这个车贴标语来表明对政治人物的褒贬，评价两人的优劣，投票，在 iTunes 上买歌，或者只是表达女白领式的抱怨：“这个太烂了吧。”——所有这些，都涉及评价。这体现了那个由于不道德行为所造成的最令人喜欢的修辞问题：“你以为你是谁啊，竟然告诉我什么是对的、什么是错的?”事实上，这提供了一个绝好的机会，来表现一个“对那个人同音同形异意广告”的攻击：“你”不需要成为一个告诉“我”什么是对、什么是错的人。也就是说，除非你是一个宗教群体的领袖，这个宗教群体自有一套我们无法洞悉的规则。

想象一下以这条汽车标语的语气进行如下对话：

> “你知道，希特勒所做的事是大错特错的，他那样残杀了 600 万无辜的人。”
>
> “啧啧，别评论。”

评论，是我们乐意从一群有道德、有伦理的人那里所接受的。难道我们不希望有人能评价那些以宗教的名义奴役他人或者犯下恐怖罪行的人——对此进行逻辑对话，还是允许类似的文化相对主义任意泛滥肆虐？

也许，圣安布罗斯式车贴标语对公元370年的圣奥古斯丁的介绍，很好地总结了这种文化相对主义，当时他评论道："在罗马就要像罗马人那样做（入乡随俗）。"但是，严格的文化相对主义更加深入地决定着哪一天不能吃东西，正如圣奥古斯丁比较意大利其他地区和罗马的快速仪式那样。特定的文化允许严重违反人类权力的行为，例如对女性生殖器的残害，奴役、虐待女性，吃人，甚至弑婴（恰当的学术词语是"杀害婴儿"）。

我们可以想象，回应这种文化相对主义者的另一张车贴标语是：

你说这是"强加于人"，我说这是"明辨是非"。

这张车贴标语，假设了一个普遍有效的指导规则的集合是存在的，在这个道德规则的集合中，正确和错误就好比断言地球的形状那样实在——如果你依据《圣经》坚信地球是平的，你是怎样想的真的不重要，无论地球到底是不是平的。道德主观主义和文化相对主义争论的立场相反——道德准则更加类似于比较苹果和橘子：你们喜欢苹果而他们喜欢橘子，你们的文化喜欢吃死人肉（吃父母尸体的卡拉丁人部落）而他们不吃；你们任由婴儿和老年人在雪天中死去（爱斯基摩人）而他们不这样做。这都是“口味”的问题。

20世纪奥地利哲学家路德维希·维特根斯坦（Ludwig Wittgenstein）给了道德主观主义者沉重的打击。首先，他总结了他们的位置——“一个人也许喜欢说：对我来说，任何看上去对的都是对的。”并且随后回应：“也就是说，我们不知道什么是真正‘对的’。”人们偶然地发明一些道德准则来迎合他们的需求，就好比当人们在玩游戏的时候，各自有一套独立的规则，但那样就会无效果——游戏就会结束。然后，就没有人希望继续玩这个游戏了。

金属乐队的表演，可以被看作对道德主观主义的膜拜，在表演中，他们不停地唱：“那又怎样?”然后是一连串不道德的行为。一段录像展示了他们在商店进行偷窃并大肆狂欢。（“那又怎样?”）直到1999年，通过下载软件Napster，歌迷可以偷着下载金属乐队的歌曲。这个乐队所倡导的关于道德正当的问题，显然只适用于唱歌的时候。同样，摇滚明星埃弗克利尔（Everclear）在演唱会中对着人群大喊：“唯一的规则就是：这里没有规则!”而这时，歌迷们几乎要冲上舞台，治安员不得不对着狂热的歌迷们喊：“好了，你们现在向后退一退，向后退一退！”“没有规则”实在是承受不起。他们哪怕懂得一点逻辑知识就会知道：“没有规则”本身也是一条规则，那么他们所青睐的“想做什么就做什么”的道德主观主义理论就会崩塌、虚无，并且他们的规则在一开始就没有立足之地。这让人回忆起为什么无政府主义的会议从未有人出席。

为了强调一下更加迷人的文化相对主义，哲学家詹姆斯·雷切尔斯（James Rachels）强调了如果一个人真的接受了只要文化认为是道德的那么就是道德的观点之后所产生的后果：

（1）我们将不再谴责另外一种文化行为——他们的种族灭绝只是口味的问题：“嘿，比起你们的苹果，我们更喜欢自己的橘子。”

（2）我们将让文化决定伦理——“结果是，我们投票选出奴隶制度和吃橘子对我们来说是正确的事，虽然对你们来说苹果是有效的。”

（3）这里将不会有道德进步的观念——在美国消灭奴隶制度将不再意味着“更好”，只是我们换了一种做法：“我们改为喜欢吃苹果而不再喜欢吃橘子了。”

尽管相对主义有一系列缺陷，但雷切尔斯强调，我们可以从中学到东西。首先，我们也许通过文化之间的交流，能获得比想象的更多的价值：卡拉丁人吃死人肉是为了表达对死者的尊重并在代际之间传递智慧；游牧生活中的爱斯基摩人允许偶尔的弑婴，这是最后的手段，因为婴儿死去能够允许更多的人活下来，这是为生活方式所迫。“生活胁迫他们做出了我们不必做出的选择，”雷切尔斯说道。其次，对文化多样性的深层理解，鼓励我们更加具备同情心和开阔的视野，尽管当然并非心不在焉地。正如他所总结的：“我们可以接受某些观点而不用全盘接受整套理论。”①

尽管评论吧。不要担心“正在被评论”的过程。你事实上真的希望一个社会能够这样做。当耶稣以一个哲学家的身份告诫潜在的评论家们他们将会得到的回馈的评价，他倡导杜绝流言蜚语式的虚伪评价和闲言碎语，以及草率的评价和恶毒的取笑。他自己很少评论，谴责各种各样的社会弊端，而是通过《圣经》告诫世人：不要做不公正的评价，并且对正义的评价做出评价。

反对道德相对主义，我们可以继续探求一种普遍有效的道德真理。进而，有些文化观念和行为是旅行者必须要注意的。所以当你在印度尼西亚的时候，用左手传递物品。当你在泰国的时候，在别人家要脱掉鞋子。当你在罗马的时候……

① 以上内容参见［美］斯图亚特·雷切尔斯：《道德的理由》，北京：中国人民大学出版社，2009。——译者注

上帝和宗教：超自然、自然和不一般的自然

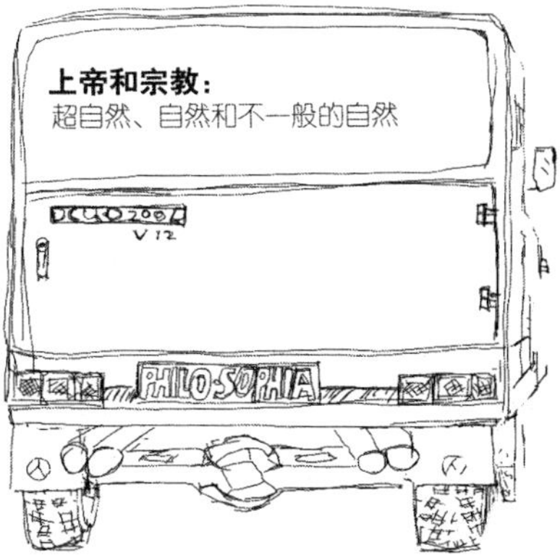

超人是我的榜样。

在真正的“我学的所有事物都是从超级英雄那里学到的”潮流中，在精神的战场上，装扮成超人的 19 世纪哲学家弗里德里希·尼采（Friedrich Nietzsche），和装扮成印第安纳·琼斯[1]的丹麦哲学家索伦·克尔凯郭尔（Soren Kierkegaard）[2] 对阵。我们也许能够想象下面的哲学双关语：“在万圣节之夜，

---

① 印第安纳·琼斯是斯皮尔伯格导演的电影《夺宝奇兵》（*Indiana Jones Greatest Adventures*）里面的主角，在一所大学历史系担任教授，很喜欢冒险，身手矫健，聪明细心。——译者注

② 索伦·克尔凯郭尔是丹麦宗教学家、哲学家、心理学家、诗人，现代存在主义哲学的创始人，后现代主义的先驱，也是现代人本心理学的先驱。——译者注

如果上述二人都站在你的门廊里，而你只有一块糖，你会把糖给哪一方？”

鉴于教会早期所犯的那些错误——例如，把地球当作太阳系的中心、反对进化论，以及其他的错误——尼采宣布了他那并不讨人喜欢的论断：“上帝已死。”① 采取了此种路线之后，他号召了一次完全的对价值的重新评估，将其命名为“价值转换”（transvaluation）。尼采批评基督教，认为它并非什么“怜悯的宗教”，他鄙视基督教对性活动的谴责，并且鄙视基督教所谓的“弱者的柔顺会战胜强者”，他还将那种“庆祝充满暴力的末日审判”看作基督教喜爱报复的天性的证明。他认为，基督教的价值体系是落后且不公正的，此价值体系更多地着眼于死亡和对死后生活的承诺——正如民歌歌手伍迪·格斯（Woody Guthrie）所说的“飞在天空中的馅饼”——尼采将宗教机构视为真正的“反人生”，他将基督教描述为“人类历史

① 这是尼采于 1884 年 1 月出版的著作《查拉斯图拉如是说》（*Also Sprach Zarathustra*）的命题。查拉斯图拉是古代波斯拜火教的创始人，尼采借这个教主之口，说出自己的哲学思想，其中两个主要内容是“超人”和“万物永远还原”。尼采在书中预言，由于世风日下，人已变形，因此必然会出现一种新人，即“超人”。他宣称“上帝已死”，并用“一切价值重新估价”为口号，攻击基督教宣扬的“奴才道德”。尼采企图以此克服迄今为止的西方哲学的弱点，在精神发展史上引起一个转折。——译者注

上永远擦不掉的污点”。

为了避免被认为是完全的怀疑论者，尼采提供了一个可以去追求的理想，并将这种理想命名为“超级”（Ubermensch）或者“超人”（Superman）。（“Uber”已经作为俚语被纳入词典，释义为“超级”或“永恒的”。）与其寻找未知的未来人生和空想世界，尼采认为，不如关注地球上的已知的生活。我们不应该创造一个奇幻世界以减轻对生活的不满；相反，我们应该强调面前的缺陷。因为超人能够拥抱自己有限的人生，因此而产生的价值就会庆祝人类存在的本质，让人类在追求深层次的、充实的自我探索中得到繁荣。尼采认为，一个人不仅能够通过努力达到真实人生中的超人状态，而且也应该这样做。具有讽刺意味的是，在某种程度上，尼采所谓的“超人”，更像最早的漫画英雄超人，而非现实中的凡人。最后，尼采的弱点恰恰是他所宣扬的“有限的生命”，正如下面这个以“看谁能笑到最后”的语气所写的车贴标语那样：

尼采说“上帝已死”，上帝说“尼采已死”。

印第安纳·琼斯的营救。在印第安纳·琼斯的四部曲电影的第三部里，我们善于推理的教授发现自己在一道悬崖边上，他寻觅的圣杯[1]就在悬崖的对面。在不能跳到悬崖对面的情况下，他聆听自己的心声，此时父亲的声音响起，“你必须坚信，印第安纳。”然后他迈开腿踏入深渊，却发现竟然有一座桥出现了。没有任何确切的证据，他找到了真理——他所要做的仅仅是迈出那一步。事实上，无论如何，桥早已在那里等候他迈进深渊。（别忘了这是一部好莱坞电影。）然而，这关乎信仰的一步带领他达到了神圣。

对克尔凯郭尔来说，一个人不需要以信仰作为主观证据的结果。在他看来，真理的主观性导致需要信仰。他写道，任何被假设的必然性都无法导致“信任”，同理，一个人不能真正地“相信”：假设一些人已经知道了某本书中所讲的内容，却还在读这本书。相反，正因为一个人无法真正地知道上帝，因此这个人必须信仰上帝。因此，他提出了他的著名短语“凭借信念纵身一跃”。（他从来不说“凭借信念的纵身一跃”，因为他认为这样说是多余的。）

要完全地包括宗教的本质的模糊性（而且在克尔凯郭尔的

---

① 圣杯是耶稣基督在最后的晚餐上饮葡萄酒的用具，后来此杯用来接被钉在十字架上的耶稣伤口里流出来的血，因此为基督教徒所珍爱。在随后的几个世纪里，圣杯几经易手，最后下落不明，遂引出许多以寻找圣杯为题材的故事。圣杯现在常被用来比喻“无处寻觅的稀世珍宝，努力想得到却永远无法得到的东西”。——译者注

例子中，对于基督教来说），一个人必须“跃”过矛盾和非逻辑。正如他所解释的，这是允许基督兼备人性和神性的唯一路径。它还能够帮助一个人理解卡通虚构人物辛普森所说的：“一个全能的存在不可能创造出一个辣到连这个全能都吃不下去的墨西哥卷。”但是，这里明显地产生了一个新的问题，即一个人应该如何看待“看好了再跳”的格言。“凭借信念纵身一跃”要求一个人闭着眼睛跳——真正“放手去干”。我们可以想象真的存在这样一档电视节目，测试参与者单单凭借信念到底能跳过多宽的沟。游戏里，主持人给参与者贴上标签，就像“孤注一掷的投篮大赛”那样。从某种程度上来说，我们也许会谴责参赛者那盲目的一跃，而不认为他们具有信念的美德。

结果是，“克尔凯郭尔已死”这个论断也是真的。所以也许我们的两个“不给糖就捣蛋”的哲学家可以平分你手里的那块糖，然后我们可以进入下一节。

宗教仅仅是一个有许多人参与的社团。

从侧面讲，Facebook 为用户们提供了一个选项，用来列出“宗教观”，而没有提供“隶属团体”的选项。显然，在这个问题上存在着不同的观点。我们应该通过那些从各种各样的社会和学术角度，以研究社会团体和宗教团体的专家学者的视角来探讨这个问题——因为如果你让一个宗教人士来定义“社会团体”，你也许恰恰听到的是：“其他任何人的宗教都不是宗教，都是社会团体。”这体现了一种兴趣方面的精神冲突。

一些人认为，社会团体更少地遵循社区的传统信仰。所以，也许信仰就好比“职业信念系统联盟”的主要成员——你可以想象如下的文章标题：“来自少数群体的科学论派的首次亮相”，以及摩门教教会给少数派的建议：“你应该把纽约的某件东西看成是黄金页片[①]，黄金页片上指示说，摩门教教徒可以有多个妻子。”不要在意那个将黄金页片上的文字翻译给天使的人在几年之前曾经因诈骗罪被判入狱[②]，而且没有人再

① 北纽约一个叫作约瑟夫·史密斯（Joseph Smith）的农民称他从一个天使那里接受了一只黄金页片，上有摩门书。书中描述了一段历史，讲述被驱逐的希伯来人如何迁徙到美洲大陆。他翻译了此书，与他的几个追随者于1830年正式建立了摩门教。——译者注

② 摩门教的创始人约瑟夫·史密斯1805年在美国出生，1820年初见异象，1823年第二次见到异象，天使莫罗尼（Moroni）说有黄金页片让他翻译，1827年他获得了黄金页片。史密斯称1838年5月1日已经将黄金页片还给天使莫罗尼，所以没有留下证据。另有两人声称见过黄金页片，奥利佛·考得里（Oliver Cowdery）和大卫·惠特茂（David Whitmer）曾因盗窃和诈骗而入狱。1830年4月6日，史密斯成立“耶稣基督末世圣徒教会”，其教义说女人不能上天堂，要通过男人才可以上天堂，所以多娶妻就是多行善，就是多带一个人上天堂（约瑟夫·史密斯本人有30多个妻子）。1839年组织摩门军团。1844年被愤怒的人群杀死于监狱内。——译者注

次见过黄金页片，因为当这个人读完黄金页片上的内容之后，就将它们还给了天使。你的“可口可乐是魔法”① 之类的事，不会让你进入主流。而且，“让你的信徒自焚而亡是个坏主意”。

大多数宗教都是由社会团体发展而来的，正如在1世纪的罗马，基督教曾经被视为社会团体。基督教由社会团体变成全国性的宗教花费了几个世纪的时间，而且还凭借了一位君士坦丁堡的迷信的君主②的帮助。看来，社会团体想要变成宗教，需要展现更多高尚的耐心。

不满于在精神上压榨人权的教条，研究社会团体的专家迈克尔·郎格尼（Michael Langone）认为，社会团体“从精神和财政上控制着它的成员”，通过“心理控制”和制造“焦虑依附”达成。专家路易斯·韦斯特（Louis West）补充道，社团成员过度地“向某个人贡献着精力或者物品”。他列举了社团用以控制成员的一些方法和技巧，如“信息控制”、“悬置批判

---

① 摩门教有何禁忌？不能做的事如下：吸烟、喝酒、喝带咖啡因的饮料（咖啡和茶是明令禁止的，可乐被默许可以喝）。——译者注

② 君士坦丁大帝（Constantinus I Magnus，272—337），又称君士坦丁一世，是罗马自公元前27年自封元首的屋大维后的第42代罗马皇帝。君士坦丁大帝是世界历史上第一位尊崇基督教的罗马皇帝。公元330年，他将罗马帝国的首都从罗马迁到拜占庭，将该地改名为君士坦丁堡。——译者注

性判断”① 以及促进小团体的完全从属。科学论派的教会和社团对路易斯・韦斯特等人提出诉讼，控告任何将他们称为社会团体的精神病专家，韦斯特全然不理这些诉讼，反而召集了一批专家学者，并且称科学论派的创立者罗恩・哈伯德（Ron Hubbard）是一个“夸夸其谈的大骗子”，以强调自己的观点。

但是，这些分类好像没能将当今的宗教和社团明显地区分开来。宗教和社团通过精神控制达到财政和心理上的剥削，而教徒或社员们则希望得到很好的身后生活(“天国”)，正如摩门教和其他基督教机构所说的：“你必须接受洗礼，而且在接受了洗礼之后，你必须承诺将收入的 1/10 给教会。”同样的情况是，教会通过捐赠仪式获得收入，你也通过这种方式获得了一种“推荐”，暂时是将收入的 1/10 捐赠给教会。直接通过杨百翰（Brigham Young）② 的文字我们读到的是为了升入天国，为了阻止身后不好的生活，“要严格遵守法律和教条的每一款”。而且从教条中我们还读到了，“教规永远有效”地要求他们“每年上缴 1/10 的收入”。

为了加强心理控制，宗教不需要造访彗星的狂热的外星

---

① 悬置判断是不做判断，不了解就不随便判断一件事物。——译者注

② 1847 年第二任首领继任，提供免费读大学的优惠，条件是信摩门教。——译者注

人，因为宗教拥有地狱之火来震慑教徒。如果一个宗教真的说服你相信有永恒的火刑，那么当你将之告诉自己的孩子的时候，会把孩子吓个半死。这也许解释了，我们可以如何从一个温情的角度，看待安德烈亚·耶茨（Andrea Yates）事件[1]。耶茨溺死了她的五个孩子——诺亚、保罗、卢克、约翰和玛丽——目的是救赎他们。正如她平静地解释道，她的孩子“走路摇摇晃晃，是因为她有罪……他们被判决掉入地狱之火中受刑”。她是怎么知道这些的？她的牧师很明确地告诉她，因为她的生活方式，她的孩子们都要“堕入地狱”——但是，如果他们在触犯教规之前就死去的话，就能免去堕入地狱的惩罚。

著名的科学作家，牛津大学研究员理查德·道金斯（Richard Dawkins）将任何宗教恐吓策略都视作对孩子的虐待。他进一步认为将一个孩子称作“摩门宝宝”或者“共和宝宝”是顽固不化的表现，甚至前者用永恒的地狱之火来恐吓孩子。一个一岁大的孩子，怎么可能理解他是要信仰魔法黄金页片还是滴入论经济学[2]？道金斯分享他参与教会活动的经历，他无数

---

① 2001年，42岁的安德烈亚·耶茨用浴缸溺死了自己的全部五个孩子，其中最大的七岁，而最小的仅有六个月。——译者注

② 滴入论、垂滴说，指一个体制中给予上层人的利益会传递给较低阶层。——译者注

次遇到成人教徒穿着可怕的恶魔的服装，在一所“地狱屋子”中企图吓唬孩子们。一位教区居民抗拒这种做法，说道：“如果（孩子们）因为经历了这些而晚上做噩梦的话，我想是否还有其他更好的办法。”单单向孩子提及永恒的折磨就已经足够了，地狱屋不是必需的。奇怪的是，至少可以这样说，许多教徒以想象其他人进入地狱为乐。高级教会领袖托马斯·阿奎那曾经透露过：“圣人也许以他们的洪福和上帝的荣耀为乐，他们被允许看到被诅咒的人下地狱接受惩罚。”而且，现代人中也不乏这种论调，如著名的保守派专家安·库尔特（Ann Coulter）：“我鄙视那些声称看到道金斯落入地狱时不会发笑的同事们。”托马斯和安很明显地把天堂当成公共惩罚场所和虐待狂俱乐部。也许我们能说得更俏皮一些。

这张车贴标语体现出来的最后一点智慧，是社会学家本杰明·扎布洛斯基（Benjamin Zablocki）所提出的社会团体往往具备的一个特点，即在精神上占据权威地位的领袖会“滥用社员”，特别是在性方面。一个人——尤其是一个孩子——怎么可能对那个掌握着来生命运的钥匙的男人说“不”呢？雷尔运动创始人的妻子透露，她的丈夫雷尔（Raëisms）和无数的年轻女性会员发生了性关系。像夏洛克·福尔摩斯那样进行推理，她说：“我开始想，整个雷尔运动是一个为了进行更多性交活动的骗局。”一个骗局，是的，或者称其是诡计更加合适。大卫支派头目大卫·科里什（David Koresh）曾经和一个 12 岁的女孩结婚。《旧约圣经》在这里划出底线——我们不得不在某处划道底线。在底线那里没有免税的可能。尽管没能得到更多的细节，最近爆出的牧师和数不清的年轻孩子的将近 5 000 条性丑闻，起码符合了成百上千的人屈从于和社会团体头目发生性关系的事实。

所以，也许这是真的：社会团体仅仅需要耐心等待其成为与当代宗教并列的宗教。或者，正如一些人所说的，进入主流的唯一标准仅仅是创造一个超自然的存在。所以赶快发明一个吧，一个飞在空中的意大利面怪兽怎么样？“赞成。”欢迎来到主流宗教。

啤酒是上帝赐给我们的礼物，他希望我们能够开心，这就是上帝存在的证据！

这张车贴标语几乎被全句引用，并且归功于本杰明·富兰克林，尽管他的原意并非如此。尽管本杰明的确说过类似的话，在一封写给同僚的信中，他说这句话的本意是“真理在酒中”，他是想用这句话解释，葡萄藤的根把雨水变成了酒的奇迹。本着这张车贴标语的精神，啤酒原本是混合着秘密和魔法的，甚至被认为可以给喝酒者注入超自然的力量。然后，被随后而来的科学泼了一头冷水，科学揭示了饮酒的人在喝酒之后会有魔法般的感觉的自然原理。现在，请不要再用酒的存在来印证上帝的存在和他对我们的慈爱，虽然有很多人为此做了许多工作。以举办一届为了证明上帝存在的奥林匹克运动会的方式，也许能让那些在运动项目中获得奖牌的人们提供关于这个主题的更多洞见。

如果一个人想讨论这类问题，就不得不提到 18 世纪的雄辩家威廉姆·佩利（William Paley）的那段臭名昭著的手表对比法。在《自然神学》（*Natural Theology*）一书中，他提出了“哲学目的论的论证”：“目的”（teleological）一词，源自古希腊语“目的”（telos），这个论证依赖的是，一个事物总是拥有一个造物主所赋予这个事物的目标或者目的。佩利认为，一只手表因构造精巧以及目标明确和独特的复杂性而令人印象深刻。显然，如果认为拥有如此特性的事物的出现是偶然的，这将是令人难以忍受的，所以我们要放弃这种想法。造就这类事物必须有一个创造者，一位手表匠，并且是一位聪明的手表匠。同理，宇宙也具有如此精巧的构造和独特的复杂性，而且是必须的，宇宙有一个目的：让我们生活在里面。因此，宇宙也必须是被设计出来的。

与佩利同一论调的是托马斯·阿奎那，他提供了无数关于上帝存在的证明。他的第一个和第二个证明十分相似，引入了运动和因果的概念。他认为，没有一个事物能自己创造自己：这就要求事物在自身之前就存在，这在逻辑上是不可能的。接下来，他提到回溯因果理论——也就是说，你的父母双亲创造了你，父母的双亲创造了父母，不断回溯——不可能无限地回溯，因为这样的话世界就不存在一个起点。因此，直白地讲，"必须承认一个起点……原因，这个原因就是每个人所谓的上帝。"在 13 世纪，这成为了人人皆知的道理。

你可以根据自己的意愿来确定我们的上帝证明者的获奖顺序——来自 12 世纪的欢呼，哲学家兼神学家坎特伯雷的安瑟伦（Anselm of Canterbury）[①]（这样一来就不会和其他的安瑟伦们混淆了）。安瑟伦使得证明上帝的"本体论证明"闻名于世——本体论是关于存在的研究。以一种很狡猾的方式，安瑟

---

① 安瑟伦，中世纪意大利哲学家、神学家，1093—1109 年任坎特伯雷大主教。被尊称为最后一位教父与第一位经院哲学家。运用形式逻辑论证基督教正统教义，提出关于上帝存在的"本体论证明"及救赎论的"补赎说"，将中世纪的神学议题推向理性关切的新方向。——译者注

伦聪明地用一种“就在你眼皮底下”的方式来证明上帝存在。首先，他让我们同意“比上帝更伟大的存在是无法想象的，上帝是所能想象到的最伟大的存在”。即使你暂时不相信上帝存在，但你知道我们所谈论的是什么，并且你知道他在定义上是完美的。而且，因为上帝乃是无法设想有比之更伟大的存在者，且那无法设想有比之更伟大的存在者不仅存在于理性中，还现实地存在着，故得出结论上帝实际上存在。一个不存在的完美之物有哪些优势呢？缺失了任何一种美好的事物不是完美之物，因此，其就不是上帝。因此，那完美之物，上帝，不但是存在的，而且是必须存在的。

在这张车贴标语的智慧中，这些论证仅仅是证明了上帝的存在，而没有展示上帝是如何知道我们的存在的。尽管很明显地，在某个人爱我们之前，这个人必须存在——这一点点逻辑在任何人那里都有效。而且，正如聪明的读者想要知道的那样，许多哲学家、科学家甚至是神学家都表达了对这个论证的关心，并且为对立面提供了丰富的论证。但是，仍然是在这张车贴标语的智慧中，如果喝一杯酒能够让你感到快乐，那么就喝吧，干杯！

没有一种设计是完美的。

这一车贴是机智的：在一个短句中分别否定“设计”与“完美”这两个词。也许它是一个隐喻。同样，“否定游戏”对“酷似某人”和“投机者”这两个词也有效。如果仅仅是一个隐喻，那么我们应该检验一下，隐藏其中的核心真相——首先去看是否存在一个设计了一切事物的设计者，如果他存在，那个设计者会是什么样子的。

在一封写给朋友的信中，达尔文写道：“如果由魔鬼的牧师来写一本书，被描绘出来的世界将是怎样一个笨拙、无用、迟钝而残忍的造物自然啊!”假设一个超自然存在愿意设计事物，我们可以学到很多关于这个假设的存在的品质——也就是说，如果他真的是仁爱的、聪慧的、充满力量的，等等。如果这个存在变成了“笨拙、无用的……迟钝而残忍”，那么我们必须拒绝这个存在是真实存在的，或者重新组织形容这个存在的词汇。

也就是说，想象一下根据达尔文的描述，一个“智能的设计者”也许通过这些所谓的设计体现了一些想法：

可怕而残酷的设计：“我要设计一种寄生虫，这种寄生虫会进入牛或者羊的胃里。为了到达那里，我将让这种寄生虫进入蚂蚁的脑子——能够控制蚂蚁——迫使它们爬到草的顶端，这样就能更容易地被牛羊吃到肚子里。然后我要设计更多的动物，这样它们就会将猎物活活吃掉。甚至让大猩猩活生生地把较小的猴子的皮剥掉，而不顾小猴凄厉的叫喊。而且我要设计一种雌性螳螂，它们会在交配之后立刻吃掉伴侣，有时候甚至在交配之前就吃掉伴侣，仅仅是为了获得一种残暴的颤抖运动。雌性黑寡妇蜘蛛，可以在把伴侣卷成一团之后咬下他们的头。几天之后，我也要如法炮制人类动人的拥抱。”

无用的设计：“我要设计的事物中，有百分之九十九的物种会灭绝。”（在铺张浪费这方面，还需要我们举更多的例子吗？这让以消费者身份著称的美国人看上去像一个成员众多的“绿党”①。）

但是，仅仅是因为某人创造了这么多导致浪费和残暴的事

---

① 全球的绿色革命引起绿党作为一种政治力量在全球的崛起，绿党是从提出保护环境的非政府组织发展而来的政党，绿党提出生态优先、非暴力、基层民主、反核原则等政治主张，积极参政议政，开展环境保护活动，对全球的环境保护运动具有积极的推动作用。世界上最早的绿党是1972年成立的新西兰价值党。绿党在20世纪后半叶开始在欧洲发展，最著名的就是德国绿党。——译者注

物，还不足以说明他是不智慧的。毕竟，这不是所谓的“残暴设计理念”。所以，“智慧”的标准是什么呢？

智慧的设计：在电影《怒犯天条》（*Dogma*）中，开篇字幕写道：“甚至是上帝也有幽默感。看看鸭嘴兽吧。”拥有幽默的设计师也许是另一种颜色的高度进化的马——这不是“幽默设计理念”。但是，只有最好的科幻作家可以解释给鲸鱼安上腿是一种智慧行为：假如大海干掉了，鲸鱼可以获得肺并来回走动。并且也许给鸵鸟和鸸鹋安上翅膀——即使它们不会飞——至少能够让它们融入其他的鸟类。可以想象，当它们得知名副其实的盲鼹鼠拥有一双被皮肤覆盖的眼睛之后所感受到的愤怒。对于智齿来说，很难想象智齿之中蕴藏着什么智慧，至少可以帮助专业牙医们提高他们的医术。

一个人想要洞悉“智慧”设计，就不能回避雄性哺乳动物的乳头。很难在此方面做研究，因为哺乳动物没有留下乳头的化石。除了傻乎乎的鸭嘴兽，它们不分公母都没有乳头，而负鼠却可以有 25 个乳头。另外一类造物者决定乳头并不重要：芭比娃娃和她的男朋友肯定都没有乳头。所以，奇怪的是，一些女人通过没有智慧的车贴标语夸耀说，她们既不恨芭比娃娃也不希望成为芭比娃娃，因为芭比娃娃表面上拥有“任何事物”，但其实她是假的。但是，在乳头这件事上，没有理由支持男性应该有或没有乳头，所以为什么不留下乳头呢？我们还留下了脚趾甲，虽然我们不再像其他哺乳动物那样用脚趾刨地。

最后，我们来看看眼球。脊椎动物的眼睛尽可能地向后生长，为了让光通过眼睛的各个部分的感光细胞。这种目的的设计，导致了我们视觉范围内的一个盲点，以及各种常见并发症所致的视力障碍。如果一个大学举办工程竞赛要求设计出最有效的“视觉智能”机制，那么人的眼睛会是最糟糕的选择。尽管如此，有趣的是，乌贼之眼的“设计者”创造了恰恰相反而更加有效的视觉机制——也许设计者是个乌贼。

当然，一个创造者可以设计这一切，但是一种自下而上的创造风格，如进化，只能这样做。一些神创论者将香蕉看作一个证据：它是那样完美地适合人类握在手里，头上有个把儿可以轻松掰开，而且吃起来很美味。但是他们忘了提到菠萝、洋蓟等多种烹饪起来异常费事的东西，而且他们还忽略了香蕉是从并不适宜食用的植大蕉进化而来的。所以，也许“智慧设计者”毕竟还是有幽默感的，而且他允许香蕉成为供小丑上演被香蕉皮滑倒的道具。车贴标语的“设计”部分事实上是一个信仰问题——因为如果你让事实、科学和法律条款来做决定，他们会强烈地反对“设计论”。智慧、残忍和无用？也许只是品位的问题，尽管我们拥有比设计苹果和橘子的进化理论更多的数据。

祈祷的时候要双膝下跪。

这张车贴不是摘抄自一本展示有效祈祷姿势的“如何有效地祈祷”手册。它更像是公司白领鼓舞士气时所说的话：“工作越努力，我就越幸运。”没有幸运，只有努力工作。而且，另一张车贴标语是：“摘掉黄丝带，做事！”——花一美元买一条丝带，并不能代替一个人做他本应该做的事。兰斯·阿姆斯特朗（Lance Armstrong）① 的故事，贯穿了这样的概念：建立一个黄色手环义卖基金，用以治疗你自己曾经战胜过的癌症，放下身段，努力工作，并且赢得史无前例的环法自行车大赛七连冠。那么，阿姆斯特朗说了些什么呢？他说：“假如有上帝的话，我的两个睾丸就不会被切除了。”想一想，加上祷文所

---

① 阿姆斯特朗 1992 年开始职业自行车生涯，1996 年身患癌症，在艰苦的治疗后重返赛场。1999 年代表美国的邮政车队获得环法大赛的总冠军。之后直到 2003 年，他连续五次夺冠，追平了西班牙车手安杜兰（Indurain）等创造的环法五连冠纪录。2004 年和 2005 年再度连续夺冠。阿姆斯特朗 10 次参加环法大赛，实现环法七连冠，创造了环法历史上的奇迹。——译者注

赋予的超自然力量，他可以做到何种程度。正如以前的黑奴弗雷德里克·道格拉斯（Frederick Douglass）[①] 所说的："为了获得自由，我祈祷了20年，但是没有获得任何答复，直到我开始依靠自己的双腿，才获得了自由。"（再一次，与祈祷姿势无关。）

但是因为"祈祷"往往是为了"向上帝索取"，这张车贴标语的隐含意思是要求你停止索取。的确，这乍看上去是一个奇怪的要求。关键是，以索取为目的进行祈祷会产生哪些危害呢？危害就是认为祈祷能引发实质改变，这一点集中体现为近年来在许多案例中，父母选择为患有可治疗疾病的孩子们祈祷而非寻医问药，结果造成了孩子死亡。喜剧演员，同时也是新教徒和无神论者的朱莉娅·斯威妮（Julia Sweeney）分享了她所关注的那些为非洲饥饿儿童祈祷的人们，10分钟之后——42个非洲儿童因饥饿而死——他们相信他们真的为这些儿童做了些事，然后他们该干什么干什么去了。这就好比一个家长问他的孩子是否把屋子收拾干净了，孩子回答说："没有，但是我脑子里有过收拾屋子的想法。"

---

① 弗雷德里克·道格拉斯是19世纪美国废奴运动的领袖，是一名杰出的演说家、作家、人道主义者和政治活动家。在废奴运动中，他是一个巨人般的人物。——译者注

只是前者更严重。

但是，祈祷必须“有效果”，对吧？由哈佛大学有宗教信仰的教授和无宗教信仰的教授共同主持了一个最新的研究，并将结果发表在《美国心脏杂志》（*American Heart Journal*）上。研究人员检测了那些将要经历一次特殊类型的心脏手术的病人，将他们分成三组：控制组（正常的组，经常出现在医院里的普通病人）、秘密祈祷组（三组病人为这一组的病人祈祷，但是病人对此毫不知情）、开诚布公组（被明确告知“有人为你祈祷”）。不但祈祷没有起到任何效果，被告知祈祷的病人反而遭受了更加复杂的心理折磨。一个研究人员总结道：“这也许会使病人内心不安，怀疑‘我是不是已经病入膏肓了，所以找人来祈祷（人将死之时会有他人来祈祷）’。”或者，负责祈祷的人恰恰不擅长祈祷。现在看来，近期医生不会给病人开祈祷的处方了。否则，就会产生新的诉讼理由：“那个庸医说，他找人为我祈祷。”但是，《圣经》明确地说“你们祷告，无论求什么，只要信，必得着”，而且“在你们，将没有不可能的事”。但是，如何解释成百上千的人祈祷“让世界没有饥饿”却仍然每天有成千上万的人因饥饿而死？而且，正如另一则令人心痛的车贴标语所问的：

为什么上帝不让被截的肢干重新长出来?

让所有饥饿的人吃饱几乎是不可能实现的，让断肢的人重新长出肢干的难度就好比让死人复活。这里的问题是，跟祈祷完全没有关系而发生的事却被认为和祈祷有关。有时候，癌症患者会自行康复，却从未听说祈祷的人癌症自行痊愈而不祈祷的人则没有。有时候，击球手和投手同时祈祷，我们却不曾听说投手祈祷后得到全垒打，或者击球手祈祷后使投手出局。到目前为止，没有一个被截肢的病人的祈祷得到回应。

19世纪末，美国作家安布罗斯·贝尔士（Ambrose Bierce）写道："祈祷是要求宇宙法则为一个不受公认的愿主去打破公正。"但是，宇宙法则不必这样做。它也可以是"一个清静的、反映一个人所有品质的时刻，感恩以及在脑海中叙述一个进入自我世界的日常的入口"。冥想、瑜伽、在海滩安静地散步都对心理有积极的作用——尽管如果你的朋友给你美好的祝愿，说"今天我为你瑜伽"或者"我很乐意帮助你的父亲，我会为他冥想"，这是很奇怪的。回忆一下古老的格言："两只工作的手比一千只合十（祈祷）的手能做更多的事。"——所以想一下，一千只手能做什么，而两只手又能做什么。

原教旨主义阻碍了思考。

哲学家伯特兰·罗素（Bertrand Russell）曾经写道："许多人正在走向死亡，而非走向思考。事实上，他们的确如此。"原教旨主义可谓思想的病毒，使这种"宁愿死也不思考"真的成为问题了。简单地讲，原教旨主义完全符合一种宗教/邪教式的信仰，将文本和宗教领袖所说的话，原封不动地作为不可反省、不可怀疑或者不可思考的真理。经常用到的同义词就是教条主义，原教旨主义者遵守着教条——不能被证明的理论假设——把它们作为真理。这是一种基于以下各种各样概念的精神上的集权主义，如类似永恒的惩罚、不可置疑的教条和一直存在的因为压制妇女而有点内疚的"空中之眼"等。

还有，思考需要大量的工作。对于注重道德问题的原教旨主义者来说，没有思考的必要。当问他们在克隆问题上的立场时，他们只是回答说："我不确定，我得去查一下这本或那本书，然后再告诉你。"如果你问："我们应该如何对待我们的同性恋邻居?"他们会说："让我看看，我的领袖或者书上是怎么说的。”当教皇亚历山大七世宣布地球绕着太阳转的观点是错误的，并且和神圣的经文不符时，或者当他看到任何科学解释中的矛盾之处时，一个原教旨主义者必须和他的宗教信仰站在一边。而且显然，“9·11”袭击者和其他像他们那样的每一个原教旨主义者，都无法接受我们从“思考”中获得价值。对于原教旨主义者来说，“对不信的人和伪君子开战，并严格处理他们”是不可以辩驳的。因此，问题的根本就藏在作家萨姆·哈里斯（Sam Harris）① 所说的话背后，他那饱受争议的关于“9·11”恐怖袭击的言论如下：恐怖主义者既不是懦夫也不是疯子，但不幸的是，他们正是我们所谓的具有“完美信仰”的人。

当原教旨主义者试图违反他们神圣的经书或者神授的精神领袖的时候，就会遭遇挑战。对于天主教徒来说，将在同性婚姻问题上挑战主教的立场，例如，他们将不得不想到这个和神亲密接触的人实际上犯了错误。这里，原教旨主义者陷入两难境地：紧紧地、原封不动地依照经文和上帝的文字，这样做经常导致残忍（但是成就了一个好的原教旨主义者），或者按照自己的想法解释上帝的文字，然后承认上帝错了，或者作者写

① 萨姆·哈里斯，精神学家，《纽约时报》（*New York Times*）畅销书作家，提出科学不但可以，更应当成为道德问题的准则，为人类设立新人道价值，带领我们走向真正的幸福生活。——译者注

错了，或者上帝有时可以被忽视。

一个比较无害的例子是，天主教教堂要求皈依者相信，面包真的会变成肉，酒真的会变成血：他们将之称作“圣餐的变体”。奉献仪式的结果不仅仅是基督的象征，如基督新教教会，而且根据天主教理事会的特伦特律令，人不会变为面包。教理问答引用了圣济利禄（St. Cyril）的话，他指示我们，“不要怀疑这是否是真的。”如果读者不相信这一点，你知道，他们将认为你会在哪里度过你的死后生活。真正有趣的地方是，原教旨主义强迫人们相信这类荒诞不经的事。这种从面包变成肉、从酒变成血的事儿，违背了所有自然与宇宙所具备的规律，而且还让霍迪尼（Houdini）和大卫·科波菲尔（David Copperfield）看上去像业余魔术师。正如哈里斯在《信仰的终结》（*The End of Faith*）里再一次苦涩地嘲讽的：

> 告诉一个天主教徒，他的妻子出轨了……他会像其他人一样，寻找很多的证据来证实这件事……告诉他，他放在床头的那本书是由一个隐形的女神所写的，并且如果他不遵守书里的不可思议的关于宇宙的论断，这个女神就会用永恒的烈火折磨他，而他似乎不需要任何证据就能相信此事。

不幸的是，原教旨主义者不但伤害自己，还伤害他人，正像近来圣战和恐怖袭击活动中所显示的那样，而且不仅仅发生在大型活动中。甚至在当代，孩子们不断地死于容易治疗的病，仅仅是因为他们的父母用祈祷代替简单的医护措施。尽管如此，立法机关仍然以“宗教信仰自由”为由，支持这种情况（抛开这种行为是否保护了孩子的自由不说），正如我们从佛罗里达州的一位前任市长和“原教旨主义末日审判”那里所听到的：“为了保持我们的宗教自由，也许牺牲一些婴儿是必要的。”

据说，所有的罪孽都可以被原谅，尽管很明显这并不确切。对于一个曾经怀疑上帝是否存在的人来说，我们在《圣经·马可福音》第3节第29条读到：“凡亵渎圣灵的，却永不得赦免，乃要担当永远的罪。”更直接的是：凡具有任何一种亵渎圣灵的思想的人都不可能是一个有思想的人，而且他不能获得宽恕，也不能避免地狱。这样看来，很难想象任何一个五岁以上的人能够进入天堂（如果有什么区别，我原谅你）。

耶稣降临到格雷茨基身边，格雷茨基射门……他得分啦！

很难说出这张车贴标语的主人到底站在谁那边。大多数和

“上帝保佑”有关的标语，都和摩西（Moses）[①] 或者诺亚（Noah）[②] 有关，所以狂热的冰球爱好者兼信徒将两位伟人放在一个队伍中。虽然这不符合车贴：“上帝保佑，把球传给摩西，摩西绕场滑行了 40 个昼夜，然后，用手杖把冰分开，进球，得分。”但是在宇宙中发生的所有重要事件中，上帝好像并不关心绕场滑冰，然后把橡胶球打进球门里的人（或者，在耶稣的例子里，让它保持在球门外面），或者将球击出围墙之外的人，等等。

若你关注真正的运动世界，会发现有些不同。比如 2007 年的超级碗大赛。神、上帝，以及不那么流行的球神，在尘世间的这一天收到了来自运动员、教练、委员和解说员的无数祷告。应该奇怪的是，获胜队伍拥有 60 个真正的人类运动员（包括“最有价值”运动员），这些运动员将一生致力于将橄榄球带入得分区。我们必须假设，没有一个神在乎这些没有祈求神保佑的运动员。令人好奇的是，上帝在对待这些没有在安息

---

① 摩西，公元前 13 世纪纪时犹太人的民族领袖。史学界认为，他是犹太教的创始者。在犹太教、基督教、伊斯兰教和巴哈伊信仰等宗教里，他都被认为是极为重要的先知。——译者注

② 《圣经·创世记》的第 6 章至第 9 章记载了诺亚方舟的故事。创造世界万物的上帝耶和华见到地上充满败坏、强暴和不法的邪恶行为，于是计划用洪水消灭恶人。同时他发现，人类之中有一位叫作诺亚的好人。——译者注

日休息的生物的时候，是如此仁慈。

有趣的是，失败的一方很少提及上帝。这和获胜的一方将感激之情投向上帝是一致的。比如，贝瑞·邦兹（Barry Bonds）[①] 在被检查出注射了类固醇药物之后，指向天空而不是指向他的教练，或者在触地得分或打出全垒打之后，匍匐在地或手画十字架。运动员在失败的时候就没有感激之情（比如，在掉球或者出局之后，经常用到的俚语是“该死的”）。

但是，因为大部分宗教的神灵都是普世的，因此他出现在超级碗赛场就不是个大问题。高中学校的体育活动必须严格遵循世俗条约，在安息日休息，所以这就使得神有时间专注于特别的事情。神被认为能够一边在橄榄球队这边工作，一边帮助解决坦桑尼亚的贫困问题，同时回答拉斯维加斯赌场玩家的问题。

这都假设了上帝不但在宇宙中，而且在运动场上也担任了一个活跃的角色，并且上帝真的可以帮助一个接球手接到一个无论如何也不能接到的球，或者防守一个没有祈祷的对手。有了这个假设，上帝打破了自然亘古不变的规律。在超级碗大赛上，我们真的亲眼见到了无数的奇迹时刻：只有在神的干预下

---

① 贝瑞·邦兹是美国职棒旧金山巨人队的前球员，目前是自由球员。2003年赛季，邦兹的自主训练员格雷格·安德森（Greg Anderson），被加州法院以提供合成类固醇予其他运动员之罪名起诉。——译者注

才能发生的事。

最近一个由宗教基金支持的哈佛大学的研究显示，祈祷在治疗疾病的过程中不起作用，这可能是因为上帝在运动领域扮演了更加活跃的角色，尽管很难想象他有些被考虑得像我们地球上的怪物一样。一个类似的研究可能很有趣：让一群人先祈祷一支队伍赢得比赛（并且接下来祈祷另一支队伍输掉比赛）。同时该研究还考虑各种各样的因素，如主场优势、太阳光晃眼，当然还有技巧。

如果运动中有了上帝与众神的参与，我们就会希望宗教大学能够获得优势，但实际上并非如此。体育董事杯①比赛每年一届，给在所有运动项目中获得最高名次的大学颁奖，包括每个大学里的所有体育项目，包括美国的每个学院的男生组和女生组。在它存在的15年间，没有宗教背景的大学占据了前五名的位置。2008年，名次最高的隶属于宗教机构的学校是巴黎圣母院的战斗爱尔兰人队，佩戴着圣母蓝和主教黄相间的徽章，位列第21位。尽管我们可以想象宗教人士在喊叫——“但是那些没有宗教背景的学校拥有更好的运动员、更多的钱和更低的学术标准”——宗

① 体育董事杯是每年由国家体育学院董事会的学院和大学举办的赛事。在美国是高校体育最成功的赛事。——译者注

教人士不适合在运动场上和全能运动员比较运动能力。

无论是谁得分、谁出局，或者谁身体被撞击了，我们好像都需要后退一步去寻找我们自身的、更加切实可信的理由，那些使得橄榄球或者冰球落入它们应该落入的地方的理由：人为干预。

“鱼缸”里面的各种 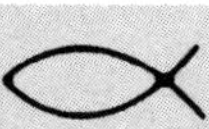！

艾奇鱼符号是由两条弧线相交而成的，它是许多古代宗教中的重要符号。艾奇鱼符号源于艾奇，他是古希腊海神阿芙洛狄特的儿子。

公元 1 世纪，艾奇鱼（又称基督鱼）是基督徒用来秘密区分彼此是否为真正信徒的记号，并且鱼嘴所指方向能够引导其他信徒前往秘密集会地点，希望以此避免被监视。因为美国人不再迫害信徒，也不再对异教徒处以火刑，所以人们可以自由自在地分享宗教信仰，而且通过车贴的方式来分享宗教信仰。最近，这些符号进化为某种发展中的非正式的宇宙学——事物是怎样发展的。为了检验这些符号的意义，我们可以简略地浏览一下这个主题下的思想：

神——基督教的上帝——以万物现在的形式创造了万物。

鱼形内有“索尔”（THOR）：神——日耳曼民族的神，雷神索尔——以万物现在的形式创造了万物。

叼着一只烟斗的鱼，内有“拉斯特”（RASTA）：神——拉斯塔法里教（Rastafarianism）里的基督神——以万物现在的形式创造了万物，并且它是愤怒的。

鱼变成了长着面条触手的怪物，内有“FSM”：神——飞翔的面条怪——用它的“面条触手”创造了万物。

鱼变成了一匹独角兽：神——隐形的粉红色独角兽——以万物现在的形式创造了万物。

内有“真理”（TRUTH）的鱼：基督教的上帝——以万物现在的形式创造万物。这是真理，所以你无法反驳它。

六条鱼，内有“耶和华”、“上帝”、“盖亚”、“安拉”、“道”和“其他”，六条鱼绕成一个圈，圈中心是“去吧，鱼”(GO FISH)。很容易依靠其他的神来证明一个神的存在，所以，“去吧，鱼”。

有趣的是，一个人可以把任何可能的神放到鱼里面，宣布谁/什么神创造了这一切。

长着腿的鱼：基督教的上帝通过进化的方式创造了万物。

内有“达尔文”（DARWIN）的鱼：达尔文高度强调了自然选择的过程造就了生命。

内有“薯条”(N’ CHIPS) 的鱼：这是一个展示英国美味的炸鱼和薯条的聪明手法。

内有“鱼丸冻”（GEFILTE）的鱼：这是一个展示犹太美味的鱼丸冻的聪明手法。

内有“IXOYE”的鱼：神以万物现有的形式创造了万物。“IXOYE”是希腊语“耶稣基督、上帝之子、救世主”的首字母缩写。IXOYE也是“鱼”的意思，虽然有点语义重复，即“鱼”在鱼里。

内有“IXOYE”的鱼被内有“科学”的鱼吃掉了：“科学”（SCIENCE）吃掉了鱼。上帝以万物现在的形式创造了万物；不，等一等，现在我们有证据证明万物是进化而来的。另外，许多人都吃鱼呀。

内有“进化”（EVOLVE）的鱼手里拿着一支扳手：我们人类已经进化到了能够锁好汽车车门的水平，多亏了能用工具的手。

恐龙正在吃鱼：如恐龙化石所展示的，恐龙的确曾经在地球上存在过。“鱼理论”（基督教所号称的各种神迹）看上去很美，却未必是真的。

内有“达尔文”的鱼，被内有“真理”的鱼吃掉了：我就要说，基督教的神以万物现在的形式创造了万物。故事的结局是，你真的想和我作对吗？

“进化鱼”（EVOLUTION）和“IXOYE鱼”交配：别管一个人的信仰，我们之所以来到这个世界上，全都是因为做爱。而且，现在不同的宗教信徒之间的通婚是被允许的。

上帝说了，我信了，然后选择了。

大声并清晰地说。（注意了，所有正在为高中一年级教授“教条主义”而寻找一个例子的老师，没有比这更重要的问题了。）

看一下对如下三个问题的陈述。

首先，哪一个神？希望不是《圣经》里面所说的那个让我们把一个在周末捡石头的人砸死的神[①]。也不是基督教分支拉斯塔法里教中那个要求我们吸食大麻来和他接触的神（尽管在最近的一场集会上也许会有 10 000 人持有不同意见）。也不是《新约圣经》里面阻止因无条件爱上了一个错误的人而结婚的两个好邻居的那个神。也不是那个让我们给“OT 三阶”教会成员捐一大笔钱，好让他们从我们身上移除造成了我们精神恐慌的外星人的灵魂的科学论[②]的神。

其次，“你”是谁，你还相信什么事物？也就是说，是什么使一个人成为了研究某个神或其他故事的专家？理查德·道金斯曾经苦涩地说：“假设有一门严肃的学科叫作神学，”他问道：“在你不相信有‘宝藏矮人’之前，有必要读一本关于‘宝藏矮人’的厚厚的专著吗？”还有，2005 年，在佩思郡[③]的圣费兰斯委员会上，一场投入了价值 30 000 美元的时间和物资

---

① 基督教教义规定，人在周末必须休息，不能工作，否则会受到严厉的惩罚。——译者注

② 鼓吹信仰疗法的基督教科学派，神秘的宗教崇拜，1954 年由罗思·哈伯德在加利福尼亚州创建，使用不同的心理疗法技术来达到“精神上和情感上的放松”。——译者注

③ 佩思郡位于苏格兰地区中部，距爱丁堡和格拉斯哥北部仅一个小时车程。佩思郡以其秀美的丘陵地貌、清澈的河流以及历史文化而闻名遐迩。该地域一方面集中体现了田园牧歌式的美妙和轻松的生活节奏，另一方面呈现未被搅扰的市镇和佩思古城的匆忙，是苏格兰地区最具吸引力的旅游胜地之一。——译者注

的项目被废止了，这个项目旨在将精灵从附近的岩石下面驱赶出来。这个项目没有听取任何一个精灵学专家的意见。

最后，无论如何，固定不变的“它”究竟具体是什么？它是什么？

在一个有趣的例子中，下面这条车贴回应了上述问题：

我的“业力”胜过你的“教义”。

“业力”并不扮演精神恐吓者的角色。经常地，“业力”与非暴力生活方式联系在一起，这张车贴标语事实上似乎用了错误的动词——也许“安静”、“平和”比“胜过”更好。一条基本的佛教和印度教的教义是，宇宙中的“业力”或“行动”算入总体的“唯一”，而且根深蒂固地存在于现实生活中，一个人的行为能够决定下一世的命运。瑜伽修行者杜勒西达斯(Tulsidas)① 告诫我们：“我们的命运，在我们的身体形成之前，就已经被决定了。”那些西方世界的人经常嘲笑另一个做

① 杜勒西达斯，古印度诗人，因《罗摩功行录》(*Rāmcaritmānas*)而著名。——译者注

出不道德行为的人，“哦，下辈子你们会变成蟑螂。”这类“业力”的报应作为行为的道德动力，和“收音机迷乐队”的一首歌的歌词不谋而合。没有人想花几个月的时间做一只蟑螂，所以，要善待他人并且不要撒谎。

但是，以上论述在严肃的危机事件中会奇怪地逆转。想象一下，一个年幼的孩子快要饿死了，没有家人安慰照顾他。以上述“业力”的视角，我们必须假设这个孤独的灵魂一定是在上辈子做了什么坏事，所以现在遭受惩罚——甚至，他活该如此。这类对于灵魂的惩罚即“他们罪有应得”。也许这就是为什么陪审团会给一个罪犯判200年的刑：他们下辈子还要继续接受惩罚，被“囚禁”在相对贫困的生活之中。所以在“我的车撞了你的狗”这种情况下，唯一潜在的双关语是，狗一定是在上辈子做过比咬坏鞋子更坏的事。坏狗狗。

英国作家道格拉斯·杰罗德（Douglas Jerrold）曾经声称：“教条主义已经走到头了。”这是多么愚蠢啊。但是，从一位仍在职的“现代药物之父”威廉·奥斯勒（William Osler）那里，我们听到的建议是：“越无知，越教条。”这才好像接近了真理。

他们称之为创世科学，因为它是创造出来的。

这些拿着所谓“创世科学”说事儿的人，正如格言里披着羊皮的狼那样，其实是在用羊毛混淆我们的耳目。他们所谓的“创世科学”的真正目的非常单纯——如果它是“科学”，那么它必须在科学课上被教授。耶稣从来没有在科学课堂上出现过，因此，它不是“耶稣科学”。如果存在“耶稣科学”，那么我们就应该在科学课堂上教授它，正如教授声学理论和光学理论那样。但是它没有，所以我们不能称它为“耶稣科学”。我们不都是羊。

接近半数的美国人仍然相信万物在几千年以前就被创造出来了，而且就是现在这个样子——忽略进化论的事实——让我们检测一下造物论，然后最终解决这个分歧，难道不好吗？幸运的是，这种检测已经在无数情况下发生了。这类检测事实上在科学实验室的日常生活中比比皆是，而且自从达尔文的《物种起源》（*The Origin of Species*）出版时就开始了。这是科学家所做的工作：他们检测理论。而且几乎一致认为，进化论已经被全面肯定了。

同时，造物论的确反复被法案提及。在 1987 年，最高法院设立第7节第2条，反对教授造物论，尽管这违反了第一修正案的条款设置——禁止强迫学生接受科学老师的信仰。造物论者被禁止使用他们的教科书《熊猫和人》（*Pandas and People*）[①] 来教授人类的起源，因为它基于“造物论”信仰。所以，他们改变策略，发行了此书的第二版，用“智能设计”代替“造物论”。“看，现在它不是一个宗教意义上的造物主，而是一种智能的设计。我们教授的是‘智能设计的科学’。”这就好比蒙提·派森喜剧团的戏剧，剧中演员将“猫证”上的“猫”字划掉后，在上面写了一个“鱼”字，这样（至少在他自己的脑海里）他拥有了一张“鱼证”。

为了这个新的“划了又改”的所谓的科学版本，宾夕法尼亚州最高法院在18年后开始重新审视造物论。在听取了大量来自科学家、哲学家和造物论者多方的证词之后，布什总统委任的审判员好像认为，整个审判更像是蒙提·派森滑稽剧里的一集。他明确地规定，不仅造物论不是科学，而且进化论是“被科学团体广泛接受的”。他称，多佛学校董事会这种以

① 《熊猫和人》是一部以生物起源为中心问题的教材。这本饱受争议的书于1989年第一次出版，1993年再版。作者支持“智能设计”的理论，即有一个“智能代理”创造了现实世界中的事物，其观点的支持者们明白“智能设计”或“智能代理”指的就是基督教的上帝。其中许多证据是伪科学。——译者注

“消息不灵通”为一时之计的企图“终究是轻易地违反了宪法的政治行为”。他指出，他们决定采用这种造物论的书是“令人窒息的愚蠢”，造成了“财力和人力的彻底浪费”。甚至，最后成了教堂资助者花钱请学校接纳这本“新的却没怎么改动的书”。这尤其激怒了对方陪审团，早期证词的这些消息被真实地公开出来。“不可作伪证”就没有包括白色谎言吗？罪名成立。

大部分美国人不知道 DNA 是遗传的基础，他们不反驳进化论这并不奇怪，因为他们根本不知道进化论为何物。我们可以听到反进化论的造物主义者给出的稻草人式的质疑；“如果进化论是真的，为什么我们看不到半人或者半猴的生物？”回答是，因为事物是经过几代进化的，而不是在一代中完成的。所以两方经常激烈交锋。布什总统甚至在大选中因此而遭到挑战。想象一下，一个官僚推翻了宇宙的科学事实，命令什么该教、什么不该教。这会不会是另一种形式的造物神话？它同样遭到反对，众人会大声疾呼：“不应该允许总统用他的科学论派的宗教神话给我们的孩子洗脑。这分离了国家和教会！”但是当布什总统喃喃自语地说：“哇喔，这些科学佬儿。总是说我们是从大猩猩变的，而且我们不能在干细胞中找到小人儿一样的灵魂。”我们接受了。

“教矛盾”不应该进入科学课堂——或者，应该在孩子学习科学理论之前，就让他们知道宗教与科学之间的区别。首先，不存在矛盾。并且想象一下，告诉孩子：“过来，孩子，关于人类是如何出现的问题，有七个猜想。你可以选择其中一个。而且在这个问题上，这就足够了。接着，我们会讨论其他有趣的猜想，例如，为什么物体会朝着地心的方向落下去。”进而，我们可以少一些教育，多让他们看看蒙提·派森的喜剧录像。而且当他们看录像的时候，也许他们能够解决那个古老的问题：“一个针尖上可以站立几个天使?”现在，通过“非人为的科学”来学习我们真正的起源，也许对我们真的有一些好处。正如威尔·史密斯（Will Smith）在一段音乐录像的开场白上回忆道：“你不知道你要去哪里，直到你知道你在哪里。”

上帝，请拯救我于你的信徒之中！

无神论作家喜爱使用的一个战略，就是将信教者以宗教之名所犯下的恐怖行为列举出来。例如，令人尊敬的史蒂文·平克写道：“宗教给我们带来了石刑、焚烧女巫、十字军东征、宗教审判所、伊斯兰圣战、人体炸弹和袭击堕胎诊所的枪手。”

信徒作家使用了相同的战略，例如，同样受人尊敬的丹尼斯·迪索萨（Dinesh D'Souza）解释说，有些无宗教信仰者（如斯大林主义）杀害了数以万计的人。

统计二者谈论的死亡人数被证明是非常困难的。更加令人尊重的作者做出了统计，天主教教会通过宗教审判所杀害的人数多达 30 万，其罪名是“异教徒”或者所谓的“没有按照教会的旨意做事”。这些类似猎巫的活动（不要和文本上的“巫师审判”相混淆）在 70 个教皇的领导下持续了将近 700 年，包括教皇英诺森四世，他曾经宣布，任何被指认和教堂对着干的人都必须受到严刑逼供，然后教堂要聚集众人并且杀了他们。至少，看上去他可以随便给嫌疑人安个罪名，反正嫌疑犯不可能是“无辜”的。但是，正如迪索萨提到的，历史学家声称，在宗教审判所，以宗教的名义被虐死的人数没有超过 4 000，并非 30 万。这样一个出入巨大的差异必须引起重视。当你将基于宗教的所有暴力事件，从当代的阿兹特克人由于长期宿怨而引发的肃清运动，到伊斯兰圣战和法特瓦[①]，受害者数量会上升到千万。但是，这样做仍有争议，这归结为与死亡

---

① 法特瓦是伊斯兰教法用语，意为“教法判例”、“教法新解”。——译者注

人数和事件背后的动机无关的争论。

迪索萨经常以他那种幽默却不严谨的方式提问他的观众，为什么那么多人出版了反对上帝的书，如流行的《上帝犯糊涂》（*The God Delusion*）和《上帝不伟大》（*God Is Not Great*），“为什么没有书反对独角兽的存在？”他问道，运用修辞——因为像“独角兽犯糊涂”和“独角兽不伟大”这类题材不会畅销。但是独角兽从来没有驱使人去杀害自己的亲友，或者引发国家之间的战争，也不会剥夺其他人的权利，更不会声称给人施以永恒的折磨。那仅仅“4 000”个被有意杀死的人已经超过了臆想中的独角兽所杀害的人数。

宗教人士的回击是，那些无神论，或者更温和地称之为自然主义（认为所有事物都是通过自然选择的方式自然形成的，等等），也会让人做坏事。宗教人士经常列举所有的无神论者死刑犯为例子，但是他们忽略了大量的重刑犯是有信仰的。明显不同的是，一个没有信仰的人不会把犯罪动机归因于没有信仰。几乎所有的死刑犯都不信仰上帝、佛陀、仙子、独角兽或者其他神灵。至少99%的杀人犯不信仰耶稣——但是也没有一个人认为，是这种无信仰的状态造成了他们的罪行。一个人不会以“什么都没有”或者“没有信仰”的名义杀人，但是一个人也许会以某个神的名义杀人。

算一下总分：

宗教：100 万左右

无宗教：0

但是，反进化论的宗教人士经常以恐怖连环杀手杰夫瑞·达默（Jeffery Dahmer）[①] 为例。“如果一个人认为可以不对上帝负责，那么还有什么意义去修正自己的行为？我一贯相信进化理论是真理。”然后，伪君子喜剧变成了伪科学，就像本·斯坦（Ben Stein）所说的那样：“科学叫你去杀人。”如果这是真的，那么学校就需要严肃地重新评估他们的科学课程了。

但是，200 年前苏格兰哲学家大卫·休谟的解释能够瓦解上述毫无逻辑的说法。他说“任何存在的情况都是本应该存在的”这种单纯的论断是错误的。利用“休谟铡刀”[②] 理论来隔

---

① 杰夫瑞·达默，外号“密尔沃基怪物”，可能是犯罪史上最冷血、最令人发指的连环杀手。他在 1988 年 1 月至 1991 年 7 月期间，在美国东海岸密尔沃基和俄亥俄州杀死了 17 人。他会先把受害人绑架，然后杀害、强奸，最后吃掉。最终他在狱中被另一名囚犯所杀。——译者注

② 英国古典哲学家大卫·休谟在他的《人性论》（*A Treatise of Human Nature*）一书中说过，社会科学有两种情况：一是社会事实，即“是什么”；二是对社会事实的评价，即“应该是”。社会科学研究应当将这两种情况区分开来。后来，经济学由此发展出两种研究范式，即实证研究范式（研究“是什么”）和规范研究范式（研究“应该是”）。由此，后人将休谟区分社会科学两种情况的思想形象地比喻为“休谟铡刀”。——译者注

断“实然”与“应然”之间的联系，我们可以一刀一刀、一片一片地瓦解杀人犯达默的伪逻辑。恰恰是因为我们已经进化到了不会滥杀无辜的阶段。自然选择通过“适者生存”原理发挥作用，这并不表示“适者”可以杀掉“不适者”。想象一下，用斯坦和达默的道理来理解地心引力：地心引力就是所有物体都会向地心的方向下落的情况。所以，我们不应该尝试着乘坐飞机离开地面，也不应该蹦蹦跳跳，而是应该贴近大地行走，甚至一个虔诚的自然论者应该像蜥蜴那样，用肚皮贴着地面爬行。孩子们可以在父母指责自己应该收拾好房间的时候，采取这种方式来抵抗：“热力学定律决定了所有事物都是朝着无序的方向发展的。收拾房间完全违背了这条自然定律！”

好像仅仅通过快速实践，我们就可以解构大部分——不敢说全部——这张车贴标语的智慧。把有神论（相信有一个全能的神创造了我们并决定了我们的行为）变成自然神论（相信某种更高的不变的力量支配着自然的运转）能够化解所有针对信仰者和他们的邻居的伤害。而且伤害别人是我们真正想要避免的，这样一来，我们就能够把和睦相处放在第一位。

所以，没有必要更新双方的伤亡数据了。很明显，科学家和自然不会造成谋杀。而且为了保持宽容大度、一夫一妻和黄金分割等应然的美德，我们必须认识到，“自然的”不必然是

“好的”，“好的”也不必然是“自然的”。因此，正如史蒂文·平克在引用凯瑟琳·赫本（Katharine Hepburn）对亨弗莱·鲍嘉（Humphrey Bogart）在《非洲皇后号》（*The African Queen*）中的评论：“自然，奥尔纳特先生，就是我们赖以生存的这个世界。”

知识：你所不知道的事情会伤害你

你所想的每件事并非都可信。

这张车贴标语用“想”（think）这个词是一种委婉的方式，“想”这个词的作用和“相信”这个词的作用一样，经常出现在如下情境中，“抱歉，长官，我‘以为’①我会走慢点”或者“抱歉我迟到了，我‘以为’咱们的会议是中午开”。也许这张车贴标语应该说：“别盲目相信你所想的（以为的）所有事。”或者仅仅是“想”。国际商业机器公司（IBM）的创建者托马斯·沃森（Thomas Watson）早年把“想”这个词作为公司的重要标语，让每个员工都在自己的桌子上放一个写着这个词的

---

① thought，think 的过去时态，这里用的是与“想”一样的英文，根据上下文，译为“以为”。下一句同样处理。——译者注

标语牌。事实上，将这张车贴标语首尾对掉才能够真正地起到作用："想想你相信的每件事。"因为当你真正在想某件事的时候，通常很容易明白这件事到底该不该信。去检查一下你的计时器而不是"想"时间是多少，或者去看看日历而不是凭直觉"想"今天是几号。

如上所示，我们思想的一大部分掺入了大脑的情感机制。正如每个高中微积分老师告诉你的那样，如果学生因感情问题而从正在学习的事物上分心，他们的眼睛的焦点就会移向别处，然后无法和老师交流。所以，他们在这个过程中好像没有很努力地去想。1950 年，心理学家简·皮亚杰（Jean Piaget）提出了这种情感与学习能力之间的联系，她的推断随着神经科学的出现而得到发展。正如我们 50 年后所发现的，这种"情感之舵"经常影响理性思考，在许多情况下，激发理性思考就好比一种"情感发动机"。

在皮亚杰之前，大卫·休谟写道："推理是激情的奴隶。"将休谟的这句话应用于当代研究，心理学家乔纳森·海特（Jonathan Haidt）类比道："我们的情感是狗，理性是狗的尾巴。"所以，那句格言——"我们首先使一个伦理决定合理化，然后感觉它其实是不正确的"——是尾巴摇狗，本末倒置。也就是说，我们的情感驱动我们做了如此决定，然后我们才"摇动我们理性的尾巴”，并且为这个决定创造一个理由。例如死刑，就好比，尽管一个人可能怀疑，“看来我要被处以死刑了。嗯。我怀疑为什么。是的，是这样。我们必须回到案发的时候，查一查到底是谁犯的罪。而且，我们不应该在关押死刑犯这件事上浪费钱，因为我们应该在教育上花钱。”但是，当一些假装或自称无所不知的人出现时，就会让这种理性的推理大打折扣——事实上，执行死刑比关押犯人花费的钱更多，而且我们的道德感不处罚那些复仇的人——因此，人们总是发现许多原因契合依据情感而下达的裁决，哪怕这些裁决是错的。

我们可以采用海特的发现来支持禁止在餐桌上讨论道德、政治或者信仰的习俗。因为这些话题很容易触发情感，不同意见总是会点燃激情，总是导致分裂和对骂。“玻璃心的自由党！”“铁石心肠的保守党！”[①] 然后，同时，“你就是没搞明白。”“倒霉。”但是依据海特的说法，共和党和民主党在道德基础层面就有分歧。自由主义者倾向于道德的基础是权利和义务的规范概念，以及我们应该如何对待他人。和海特观点相合

---

① 英国的自由党在成立之初，代表的就是新兴资产阶级与新贵族的利益，而与之相对应的，是代表地主阶级与封建贵族利益的保守党。再说美国，民主党在早期所代表的是美国南方奴隶主的利益，而共和党则代表了北方反对奴隶制的资本家利益。这两党由于奴隶制的问题所产生的利益冲突，引发了美国历史上著名的南北战争。——译者注

的是约翰·穆勒（John Mill）的《论自由》（*On Liberty*）[①]，在书中，穆勒支持一种契约国家的概念，在契约国家中，只有当权力"用来阻止对其他人的伤害"的时候，才可以实施。另外，民主党将道德视为使家庭单元（不包括一口之家）繁荣并成为社会模板的渠道。同样，自由党关注人文关怀和社会公平，保守党注重的则是小团体内的忠诚、对权威的尊重，以及纯洁和神圣。

所以，想想看，两个持有如此不同观点的人，在餐桌上讨论同一个问题——同性婚姻、堕胎、税务。如果你打算在不久的将来参加一个由两党出席的宴会，你就别想在宴会上聊天气、电视八卦或者当地的体育运动——除非你为狗咬狗式的非理性摇尾巴做了充分准备，并且你不打算再回到餐桌上。但是，当你离开了座位，不再谈论社会公正和严肃的道德问题时，你也许想要尝试一下另一张车贴标语所描述的：

多摇尾巴，少叫唤。

这似乎对我们的最好的四条腿朋友很管用。

---

① 《论自由》是19世纪英国哲学家、逻辑学家和经济学家约翰·穆勒的著作。该书是自由理论体系的集大成之作，论述了资本主义制度下的公民自由权利，在西方被高度评价为"对个人自由最动人心弦、最强有力的辩护"。——译者注

好事不出门，坏事传千里。

这里，同时有一些好消息和一些坏消息：简单地跟你说，你对自己“好事不出门，坏事传千里”的推测可能是错误的。你仅仅需要赶紧改变视角，然后就可以走出家门，给自己贴上一个“我是幸运的人”的车贴标语。

所以，你也许又赶上了所有路口处的红灯，对吧？在杂货店交钱的时候，总是站在排队最长的收银台？你，和我们这些其他人一样，总是带有偏见的，而且不幸的是，你反对自己。这种“现成的偏见”使得你记住了那些突出的事。谁会真的记得在路口遇到绿灯然后顺利通过的时候——这有什么可记的？谁会记得自己在智力问答的时候赢得一分的情形？但是当你在路口遇到红灯、坐等手表的分针走完两格儿的时候，那便是你不幸运的一天的证明。哦，得了，又一个红灯。看，你真的在这不幸运的一天备受煎熬。并且一但这成为你观察世界的角度，你就会到处寻找证据来证明自己的“不幸运”，当你在杂货店站在一条长长的付款队伍末端，眼睁睁看着前面有一个男人和收银员争吵自己买的啤酒应该便宜10美分的时候，你会说：“看吧，我就知道，我今天果然不走运。”正如弗朗西斯·培根（Francis

Bacon）解释的，一旦我们“采取了一种观念”，我们就会尝试去证实它，即使明显有更多的例子反对它。我们的大脑“对于这些反例，或忽视之，或反对之，为的是让已有观念保持稳固”。

最近，一封流行的邮件就是基于这种“稳固偏见”（confirmation bias）的。这封邮件引导读者打开一个网页，网页上有一个小游戏，游戏引导读者从6张脸谱中选择1张脸谱。紧接着，游戏引导读者点击一个水晶球，当屏幕变黑的时候读者需大声念出刚才所选的脸谱的名称。当屏幕变亮，6张脸谱重新出现的时候，魔法出现，你选择的那张脸谱不见了，6张脸谱里没有你选的那一张。每每奏效。

解决“稳固偏见”的灵药是——弄虚作假：根本不是魔法水晶球发挥了作用。因为在这个游戏中，当屏幕变黑的时候，所有原来的6张脸谱都变成了另外6张脸谱。但是，因为参与游戏的人只关注自己选择的那一张，根本没有注意其他5张，所以当所有6张都变化了之后，参与者不会注意到其实其他5张也变了。有时候我们的确是目光短浅地想方设法去证实一个错误。

更糟糕的是，你也许并不知道用一个确切的数据来说明上述情况的概率有多高。也许情况没有像约吉·贝拉（Yogi Berra）[①] 所说的“棒球游戏的90%都是缺乏脑力的”那么糟

① 约吉·贝拉，美国棒球运动员。——译者注

糕——其实，的确有那么糟糕。随机选取一些人进屋，那么，选多少个人才能够期待（概率大于50%）其中两个人是同一天生日呢？在调查中，人们一致地凭着直觉给出了答案，其思路是：一年有365天，人数应该取365的一半。将我们的直觉放到一边儿，单纯的数学计算得出的正确结果是23人①。当房间

---

① 23个人里面有两个生日相同的人的概率有多大呢？居然有50%。问题是这样的：如果一个房间里有23个或23个以上的人，那么至少两个人的生日相同的概率要大于50%。这就意味着在一个典型的标准小学班级（30人）中，存在两人生日相同的可能性更高。对于60或者更多的人数，这种概率要大于99%。不计特殊的年月，如闰二月。先计算房间里所有人的生日都不相同的概率，那么第一个人的生日是365选365，第二个人的生日是365选364，第三个人的生日是365选363，第n个人的生日是365选365－1（n－1）。所以所有人生日都不相同的概率是：

$$(365/365)\times(364/365)\times(363/365)\times(362/365)\times\cdots\times[(365-n+1)/365]$$

那么，n个人中有至少两个人生日相同的概率就是：

$$1-(365/365)\times(364/365)\times(363/365)\times(362/365)\times\cdots\times[(365-\times+1)/365]$$

所以当$n=23$的时候，概率为0.507；当$n=100$的时候，概率为0.9999996。对于已经确定的个人，生日不同的概率会发生变化。下面用随机变量计算：令$X[i, j]$表示第i个人和第j个人生日不同的概率，则易知任意

$$X[i, j]=364/365$$

令事件A表示n个人的生日都不相同，则有

$$P(A)=\prod_{i=1}^{n-1}\prod_{j=i+1}^{n}X_{i,j}=\left(\frac{364}{365}\right)^{\frac{n(n-1)}{2}}$$

解

$$P(A)<1/2$$

由对数可得，

$$n>23$$

相比之下，随机变量也同样简单易懂，且计算起来要方便得多。——译者注

里的人数达到 50 人的时候，概率提高到了 97%。致使我们产生错觉的原因有两个：其一，当我们从两个人生日不同这个角度考虑时，解题思路会变得更清晰。其二，人们经常错误地从自己的角度考虑问题："如果我是屋子中的一员，那么有人和我生日相同的概率是多少？"这完全是另外一个问题了。正如斯坦福大学数学家佩尔西·戴康尼斯（Persi Diaconis）提到的，你的大脑"恰恰不善于解决概率问题"。所以，别强迫自己。

当你在方程式中放一点点自然规律的灵丹妙药时，真正的解决方案才会出现。正如物理学家列纳德·蒙洛迪诺（Leonard Mlodinow）所认为的那样，我们的"非理性才是我们主要的动力"——情感。他把我们的生活比作分子的随机运动，数学家称之为"醉汉的步伐"。主要的区别是，不像原子运动，我们会因为自己的随机运动而生气，并且拼命地要给这种随机运动赋予意义。在大部分情况下，你还不如真的喝醉了呢，那样至少还能给自己的走来走去找个理由。

想一想，你在庆祝自己的 14 岁生日，你的朋友带来了一瓶 BLS 牌香槟。BLS 是你已过世的祖父的名字的首字母，因此你开始给酒瓶上的 BLS 赋予意义——"他肯定在这间屋子里"或者"他在给我传达什么信息"。但是，你忘了如下你所忽略的信息：所有之前的聚会、晚餐、团体活动、庆祝酒会以及节日都没有出现祖父的标记，或者其他任何过世亲人的标志。你也许还忽视了各种各样类似的情况，因为你有10位过世的亲人和朋友，甚至包括宠物在内。所以这些朋友名字的首写字母、绰号以及宠物的名字都可能出现过。你想到了这一点——你很可能意识到了——现在，感情的低语消失了，而且你正在清醒地思考，你很惊讶自己怎么没有早点儿想到，尽管你可能仍按照老样子先扔飞镖，再围着飞镖画一个靶心。把香槟拿过来，喝一杯，你的祖父可能真的爱你。

现在，你已经触摸到了斯多葛学派的基石，“遵从理性”，你可以自己用它，而不是反对它。喝一两杯香槟，散散步，并且试着将车贴标语首尾对调，然后看看自己有几次是按照对调后的车贴那样做的。我打赌，你会发现自己还是错的。

好斗的不可知论者：我不知道的，你也不知道。

不可知的（agnostic）。“A”表示“没有”。“gnosis”源自希腊文，表示“知识”。请不要将这个词和那道意大利名菜“马铃薯团子”（gnocchi）相混淆。不可知论起源于1869年的生物学家托马斯·亨利·赫胥黎（Thomas Henry Huxley）[①]，世人称之为“达尔文的斗犬”。他认为，“如果一个结论是没有被证明的，或者是不能被证明的，那就不要假装它是真的。”换言之，别说你知道一些不可能被知道的事物。他可真是激进啊！

围绕着“不可知的”这个词，有一个潜在的矛盾。也许当一个人问：“你相信上帝存在吗?”回答者只要回答：“我不知道。”从而就可以摘掉不可知的标签（因为回答者对于他“不知道”这一点是知道的）。但是，关键问题在于当他们使用“不可知的”这一标签时，他们想表达的到底是什么。如果他们真的需要这个标签，那么无论是有神论者还是无神论者，都应该在一开始的时候，在他们分别给自己贴上“有神论”和“无神论”的标签之前，就贴上“不可知”的标签。因为，无论是有神论还是无神论，都无法证明是否真的有一个超自然的存在。

从这个（微弱的）角度来看，关于我们声称的我们所知道的大部分事物，它们都是不可知的——也就是说，缺乏确定

① 托马斯·亨利·赫胥黎（1825—1895），英国著名博物学家，达尔文进化论最杰出的代表。——译者注

性。一个人声称知道自己的车停在哪里了，但是很显然，他可能记错了，可能他的车被偷了，或者被朋友借走了，等等。即使给出全部这些可能性，他还是有一些关于自己车的位置的知识，说他仍然知道一点小秘密是公平的。或许知识要求绝对的确定性，但是我们在这方面拥有的太少，或者更可能是并非所说的那么不可知。天气播报员倾向于更加谨慎的判断。他们从来不说“我们知道明天有雨”，而是说“明天有90%的降水概率”。换言之，他们相信明天会下雨，而且他们的测雨装置能够测出即将下雨，这为他们相信会下雨提供了很好的理由。他们的信念不要求绝对的确定，而且知识也许亦不需要绝对的确定。

不可知论有两种基本形式。第一种：“我现在不知道，但是我最终会知道。”比如，在《国家地理杂志》（*National Geographic*）的一次测试中，83%的美国年轻人不能在地图上找到阿富汗，直到美国发动了阿富汗战争之后他们才找到。（正如那张车贴标语所说的：“上帝通过战争教会美国人地理。”）虽然一个人不知道阿富汗的位置，但是他还有可能在之后知道。第二种形式是激进的：“我不知道并且永远不可能知道。”许多人在对待信仰超自然存在（如上帝）的问题上持有这种立场，尽管这也可以应用于其他话题，例如，看不见的仙子、来生以及精灵。你真的知道看不见的仙子是否存在吗？当一个仙子论者宣讲他本不应该宣讲的知识的时候，我们不要去评价他。正如萨姆·哈里斯所说的，“无神论”是一个根本不应该出现的词。没有人需要定义自己为“非占星术士”或者“非炼金术士”。①

对于神学，不可知论者经常将其视为一个“避难所”，或者是处在有神论（相信神）和无神论（不信神，或者更激进地说，相信世界上根本没有神）之间的地带。告诉你的拥护神的朋友，你认为他是错的，同时避免使用“无神论”这个词，这是一种委婉的方式。正如一项 2009 年的皮尤宗教信仰与公共生活论坛②调查显示的，只有 20%的人形容自己为“不相信神的”，并且视自己为“无神论者”，尽管这二者代表的是同一个意思。显然，一些社会教条造就了这种标签。但是，这也有一个重要的区别。不可知论关心知识，而无神论和有神论关注信仰。“激进的不可知论”基于如下立场：当一个人在声称知道某物的时候，他应该比他所知道的更加确定。车贴标语在这里

① 正如当一个人说“非 A”的时候，就已经预设了 A 的存在，但事实上，A 根本就不存在。——译者注

② 美国皮尤宗教信仰与公共生活论坛是一个独立的民意调查研究项目，研究人们对新闻、政治和公共政策问题的态度。——译者注

想要表达的——超级激进的不可知论——对于每一个拥有这种立场的人都适用。就好比该车贴标语的拥有者在认识论（研究知识的理论）方向获得了学位，而且他正在对众人发表自己在该研究领域里的发现。

柏拉图改善了将断言判定为知识的三个标准：(1) 必须是合理的；(2) 必须是真实的；(3) 我们必须相信它。你是怎么知道你正在读这本书的？根据柏拉图的三个标准：(1) 你是清醒的、清晰的，能够感受到这本书；(2) 你拿着这本书；(3) 你相信你拿着这本书。合理、真实和相信决定了知识，而且相信只是三个标准之一。激进的不可知论者质疑所谓的超自然的存在：不仅是他们，就算是你，也不能得出一个合理的关于超自然是否存在的结论。有神论和无神论只涉及了知识的一部分内容：相信。如果你被某些人逼到角落里，被询问你在超自然存在的问题上到底站在哪一方，记住没有人真的知道。他们大概仅仅是问你："你信什么？"

所以，不可知论不是庇护所。如果教会的宗教审判人员来敲你的门，问："你信仰上帝么？"你回答说："我不知道。"那么，别指望他们会将你和巫师区分开来对待——你不可能相信你不知道的事物。相信那些你不知道为何相信的事物就好比无神论者的无信仰，类似于刚出生的可爱的无神论宝宝。

哲学家威廉·詹姆斯（William James）让我们想象一个人站在白雪皑皑的山顶上，不确定到底是冒着被冻死的危险滑下去，还是冒着被冻死的危险在原地等着雪化掉。犹豫不决但并未解决问题，除非他在“犹豫不决”的山顶上找到了一些更舒心的想法。“好吧，我没有选择这个。”对于詹姆斯来说，信仰上帝是一个相似的“被迫”的境地——不信也得信。而且不信被称为无神论。

同样，当一个所谓的不可知论者闭上他的双眼，问道：“这儿有看不见的仙子或者超自然存在吗?”他得到的回答是信仰。而且通常是这些信仰首先驱使我们的行动。这使人犹豫：与不可知的无神论者和不可知的有神论者并列而言，一个人能否成为不可知的不可知论者——我们可以取其中间吗?

“你是不可知论者吗?”

“我不知道。”

当然，你可以这样说。

无知必轻信。

这张车贴标语看上去是可信的。让我们来看看我们的知识较少的孩子们，他们能够成为这张车贴标语的线索。

“当妈妈离开屋子的时候，她消失了。”七个月大的孩子相信如此。这让躲猫猫对他们（和我们）而言十分有趣，并且让他们相信他们可以通过闭上眼睛消失：看不见，也不想。“什么时候我们会变小呀？”四岁大的小女孩儿在飞机起飞的时候这样问她的爸爸（真有其事），因为她记得，每当飞机起飞的时候飞机都会慢慢变小，然后在空中消失不见。“一旦灯关上了，我屋子里的生物就会复活。”一个五岁的孩子说，“圣诞老人会在一夜之间从我们的烟囱钻进来——尽管比起我来，他显然更喜欢街北的吉米。”

最终，知识成为这些信念的解药，或者更积极的方式是，父母会帮助孩子解决这个问题。不幸的是，爸爸和妈妈也会犯类似的错误。

2006年，一位妈妈将一半的银行存款交给了一个灵媒，让灵媒祛除她和她的两个孩子身上的魔咒。2001年，41%的家长相信，有时候恶魔真的会蒙蔽他们。曾经有一个刚果足球守门员，对着对方队员大声喊出诅咒的话，造成了一场骚乱，并有13人在骚乱中丧生。骗局（伪医学）不但比普通犯罪害死了更多的人，而且家长们每年在上面花了无数的金钱。

显然，有些事情出错了，如果妈妈知道占星术是假的，或者她知道冲着某人大声诅咒不会把对方变成虫子，她的家人肯定会过得更好。结论是，我们都是小小的信任机器，相信某事对我们的活动非常重要。问题是，应该相信什么，如何把我们的爪子放在知识的按钮上。

哲学家威廉·克利福德（William Clifford）[①] 的著名言论强调了这个话题。他认为，我们不但应该自我克制，使自己不去相信坏基础的（ill-founded）事物，而且相信坏基础的事物应该是不道德的。我们可以列举一个刚刚发生的案例，这个案例和他所给出的案例相似：2007 年，一架尼泊尔航空波音 757 飞机在起飞之前出现了技术故障，于是机组人员杀死了两只山羊做祭品，以安抚印度教的天空之神。套用克利福德愤怒的语言，他们“没有权利相信这种证据”可以证明杀死山羊和他们的航空安全之间有关联。他所关注的是，这些人使他们的信仰“没能诚实地治疗病人，而是扼杀病人的疑虑”。他提醒我们，信仰的问题都不是私人问题，也就是说，它涉及飞机上的乘客、我们的孩子，等等。因此，更糟糕的是，我们的日常习惯会依赖于坏基础的信仰，然后“倒退回野蛮状态”。因为他写下这段话的时间是 1890 年，我们好像应该把他看成预言家而

---

① 威廉·克利福德（1845—1879），英国数学家兼科学哲学家。——译者注

不是哲学家。

下面这个案例也许有点极端，也许没有那么多案例能够与之相比。1977 年“天堂之门”团体①出现了群众自杀事件，或者不那么极端的团体声称有幽灵留于建筑物中。克利福德也许会说，美国中央情报局花费了 2 000 万美元用于远程观测全球范围内臭名昭著的大规模杀伤性武器，但是观测者却坐在华盛顿闭着眼睛——怪不得我们从来没有找到什么大规模杀伤性武器，或者我们找到了？（再一次向所谓的“军事智慧”屈服。）沃尔泰尔（Voltaire）十分乐于引用克利福德的话，写道：“那些可以让你相信极端荒谬事情的人同样可以让你犯下罪行。”某些人应该把这句话作为自己的车贴标语，并且这些人会十分赞同当代哲学家萨姆·哈里斯观察后所说的话：“我知道历史上，没有一个社会的公民会因为寻求核心信念的严格证据而遭受苦难。”

但是，想要获得知识就要付出艰辛的努力。回忆一下所有那些在学校里消耗掉的、用于做作业或努力区分真伪的时间。以诺亚方舟的故事为例。据报道，60%的父母相信这个故事是

① “天堂之门”属于美国“相信 UFO”这类新兴教派中的一支。这类教派的共同特点是，都相信科幻小说中的飞碟、外星人的存在，而且视外星人类似于上帝的地位。其中许多人认为，人的灵魂原本也是从外星来的，只是为了追求物欲，才进入了躯体。——译者注

真人真事（这件事本身就不可思议，直到你又发现 1/3 的父母相信外星人曾经造访地球）。所以，或者是（1）在庆祝完自己的 600 岁生日之后，一个男人和他的孩子们建造了一艘足够大的船，能容纳 200 万物种，包括从恐龙到昆虫的所有物种，然后这个男人与另外七个人一起出航；或者是（2）某人编造了这个故事来吓唬别人，好让别人相信他，这就解释了为什么他所统计的物种和化石证据不符，比如，他没有统计上微生物，等等。甚至在当今社会，一个最近被任命的梵蒂冈主教宣称，正如诺亚时代的大洪水，最近袭来的卡特里娜飓风正是因为该地区容忍同性恋而遭受的"天谴"。这个具有破坏性的思想言论被知识镇压了下去——在此次洪灾中，遭受破坏最小的地区反而是同性恋者最密集的地区。也许这个超级完美的神疏忽了这块儿地区，或者克利福德的"错误的信仰造成野蛮行为"的观点是正确的。

所以，现在你知道了，或者正如他们所说的：

进化是事实，上帝是理论。

虽无绝对把握，但路数是正确的。让我们来澄清一下这个"事实—理论"的二元对立。

你和你的一位十岁大的亲戚与三个朋友看完电影回到家。你们都走进厨房，打算享用之前留下来的奶酪，却发现奶酪消失了。你的亲戚摇头，笑着说："看来我们看不见的朋友终于找到一些吃的了。他已经几天没吃东西了。"其他三人纷纷点头。你皱起了眉头，因为你发现他们在这样说的时候是认真的，所以你镇定地说："我有一个理论"。你指着散落在柜子上、菜板旁边的老鼠屎，以及屋子角落消失在裂缝处的小脚印，提议道："一只老鼠偷吃了我们的奶酪。"你的亲戚快速地反驳说："但是你没看到它。"你的亲戚得到了另外三人的点头赞同。他继续说："而且别指望用你的荒谬的方式告诉我说我是错的。你不能证明我是错的，而且我们都认为我是对的。"他们笑着，然后像在约翰·格里森姆（John Grisham）① 笔下的法庭一样，宣布了最终的判决，"无论如何，你的说法只是一种理论。"

"理论"经常被认为同义于"疯狂的猜想"，尤其是对于那些没人看见，并且没人能够证明其绝对正确的事情。但是，一个科学理论真的就是一个被强力支持的假设。比如，万有引力理论已经被多次证实，而且你自己就可以做实验。想象一下，

① 约翰·格里森姆是美国知名畅销小说作家，他的一系列富含法庭法律内容的畅销犯罪小说为他赢得了巨大的声誉和财富。——译者注

挑剔它为“仅仅是一种理论”，而所有的高中物理课本都警告这种类似于宣扬造物进化论的言论。物理学家埃勒里·斯甘波（Ellery Schempp）[1] 是发起警告的先锋。“这本书里有关于万有引力的材料。万有引力理论认为，引力是自然法则，而不是事实。”那么，在这种说法下，包括地球是球形的、日心说、抗原引发打喷嚏（不是我们曾经认为的魔鬼），以及电子围绕原子核旋转，等等，所有科学教材中的每一个命题都会遭遇相同的“理论责难”。

所以，这张车贴标语一半是对的，一半是错的。

对的方面是，它像大部分人那样，将“理论”和“事实”分开来说，将“理论”仅仅作为一种猜测。在这种情况下，它确实有助于形成争论。但是，认为进化论仅仅是一种理论的这种观点是错误的——我不会采用创造论者在质疑万有引力时所使用的那种“仅仅是一种疯狂的猜想”（关于万有引力的疯狂猜想）的质疑方式。而且，大量的证据能够证明创造论是错误的：成千上万篇科学论文、大量被挖掘出来的化石、碳同位素年代测定、基因测绘。近年来科学家通过人工操作繁殖果蝇，

---

① 埃勒里·斯甘波，物理学家，1963 年他向美国最高法院提出诉讼，要求判决阿宾顿学区宣称公立学校认可小学生阅读《圣经》是违反宪法的。——译者注

为观察进化过程提供了机会（果蝇的生命周期只有十天，所以我们能够在短时间内观察到几代果蝇的进化变化），其他的例子还包括人工培育狗的品种（你以为狗的众多品种是如何而来的）。不幸的例子是细菌经过几代进化之后具备了耐抗生素的能力。下面这张车贴标语直截了当地（或者更确切地说，是通过修辞手法）对创造论提出了质疑：

谁来提醒我一下：上帝是哪一天创造化石的？

创造论者所关注的没有人看到进化“发生”的这一点，完全失去了说服力。当上帝在第六天创造亚当和夏娃的时候，是谁在旁边做记录，这一点倒是很难想象。而且在同一本书(《圣经·创世记》）中，我们学到了上帝先创造亚当，然后马上从熟睡的亚当身上取下一条肋骨创造了夏娃。这两条相互矛盾的叙述来自同一本书。到最后，这才是真正的“疯狂的猜想”。在当今出版行业，如果一本书在头两章内就有着本质上的矛盾，则在第一轮编审中就会被拦下来。

而且，其他的非科学猜想也并没有好一些（事实上，它们都一样）。维基百科上的“创世神话”词条提供了59条“理论”，包括所有事物都来自于基督教的“上帝说有”理论、印度的世界来自于宇宙之蛋的理论，以及古巴比伦人的大地和天空来源于海洋之神的身体的提亚马特理论。

到目前为止，所有这些机智的神创故事——包括那位看不见的偷奶酪的朋友——都是基于没有足够的实验和证据能够征服它们的前提下存在的。所以，在你那宽容的胸襟中，不太可能的是，你会勉强承认你的亲戚所说的话也许有那么一丁点儿是正确的。

别再研究人工智能了，快来想办法修理人类天生的愚蠢。

我们已经创造出了能帮我们做各种各样工作的机器人，从证明之前无法证明的定理，到我们工作的时候给我们擦地。但是，我们还没有创造出一个能够完成畅销书《达尔文奖》(*Darwin Awards*)① 中所列举的那些“让自己愚蠢的基因不再

---

① 达尔文奖是一个带半开玩笑性质的奖项，由美国斯坦福大学神经学研究实验室人员温蒂·诺斯卡特（Wendy Northcutt）创立。获奖人条件如下：(1) 无繁殖能力——死了或者绝育了（因为意外而丧失生育能力，或者因为太愚蠢而没有异性愿意与之交配）；(2) 无与伦比的蠢；(3) 自我的；(4) 心智正常；(5) 基于真实事件。奖励让自己愚蠢的基因不再传播出去，或者那些在进化史上走得最慢的人。——译者注

传播出去”任务的机器人。这些任务包括，为了拍摄急速下降而不带降落伞就从飞机上跳下去，或者打开一个因忘记贴邮票而退回来的邮寄炸弹。无知并未带来幸福。那么，为何小题大做？我们真的能够让机器人像我们一样“智能”吗？我们真的能够让机器人智“如”我们吗？

1950 年，《时代》（*Time*）杂志某一期的封面是一个人形机器人，标题是“人类能否造出超人”。封面文章的副标题是“能够思想的机器”。在这篇文章中，他们甚至担心电脑太有思想了，以至于像人一样罹患精神病而要求休息（被关上）、电击治疗（增加瓦数）并切除脑白质（移除一部分硬件）。当然，我们需要小心仅仅因为它的行为像人就把它当作人类来看待。还有一个例子是鹅卵石小人儿，这是一种 1970 年的流行玩具（给鹅卵石贴上眼睛），包括一个教人如何使鹅卵石小人儿“坐”和“站”的教学说明，卖了超过 100 万美元。乖石头。乖电脑。

但是，在电脑科学家能够使电脑拥有智能之前，哲学家的任务是帮助决定，如何知道我们怎样能够完成任务的第一步。我们不可能让恒温计的创造者声称我们的恒温计在它“决定”给房子加热的时候，经过了“想”这一步骤。这就好比，他们能创立一个游戏，但是不知道如何判定游戏的胜负。思想和智能到底是什么？

一种尝试就是众所周知的图灵测试[①]，要求被测试对象——在这个试验中，是一台电脑——能够以类似人类的方式进行交流。实验者与一个真正的人和一台电脑分别进行对话。如果实验者分不出哪个是真正的人，哪个是电脑，那么图灵认为，这台电脑就已经具备了思想。也就是说，如果这台电脑动作像鸭子、走路像鸭子、叫声像鸭子，那么它就是一只鸭子。拥有了这个信息，我们就是为数不多的能够理解以下这张车贴标语的人：

我在图灵测验中失败了。

这张车贴标语的主人显然不喜欢把图灵测试作为一种寻找思想能力的方法——否则，他就是不擅长交际，而且可能很少被邀请参加鸡尾酒会。但是，花点时间想一想，你如何断定一个人的思想：你花费时间陪伴家人、朋友、一群人，而且在接触了几次之后，你发现他们是思考过后才行动的，所以，你假设他们能思考。这就是你自己的小小的图灵测试。而且，当某

---

① “图灵测试”一词来源于计算机科学和密码学先驱阿兰·麦席森·图灵（Alan Mathison Turing）写于1950年的一篇论文《计算机器与智能》（Computing Machinery and Intelligence）。他于1950年设计出这个测试，其内容是：如果电脑能在五分钟内回答由人类测试者提出的一系列问题，且其超过30%的回答让测试者误认为是人类所答，则电脑通过测试。——译者注

人没有通过你的小小的图灵测试，或者他们的车贴读起来就像一种安卓程序语言的时候，人们会远离他们。

真正被关注的核心问题是，如何对待快速增长的电脑技术。那个赢得“世纪犬儒大奖”的工程师，曾于1968年质疑微芯片：“这有什么用?”但是，我们已经找到了微芯片的成千上万种用法。用法如此之多，以至于看上去弗兰克·劳埃德·赖特（Frank Lloyd Wright）的预言也许会不幸地实现：“如果照这样下去，人类的四肢会逐渐萎缩，只留下按按钮的手指头。”我们是深陷视觉体验的鹅卵石小人儿，最开始，好像是有机会能与任何流行的被选中的图标亲密接触。如果一个已婚的人整个下午都与视觉模块在一起，他（她）算是出轨吗?

最近一个故事讲的是，一个男人在一款视觉游戏中花费了大把的时间，在游戏中他和一个虚拟女人（其背后是一个女性玩家）以及他们虚拟的孩子在一个游戏城镇里生活、争吵、做爱、去电影院——所有这些都在游戏里完成。他真实的妻子很生气，因为她的丈夫宁愿在游戏里倒垃圾来获得游戏点数，也不愿意把现实中的垃圾倒掉。也许生活最终也是一场游戏。现在，至少我们知道，1977年那位吐字不清的数字设备公司创建者的评论“没有一个人愿意在家里安装一台电脑”是错误的。

看上去，好像我们已经依赖甚至沉迷于电脑，而我们只是徒有“使用者”之名，实际上已经成为电脑的一部分。所以，也许我们可以发明一台能够告诉我们电脑是否可以思考的电脑。这样做是不是很蠢？

摈弃主流范式。

范式：大众对于整个社会的集体化的观点。

所以，这张车贴标语也可以读作“摈弃主流思想和主流世界观”，或者，对于我们年轻的读者来说，它可以是“让每个人都停止用现有的思考方式思考问题”。

大多数这类车贴都于 1960 年前后被卖给了大众露营车的车主，这些车贴的主人被定义为反抗主流文化的斗士，特别是在少数族裔中。如果他们曾经在主流文化中，他们就会主导主流范式，而且倾向于保留主流范式而不是推翻它。

与许多朗朗上口的车贴标语相比，这条车贴标语使用了一些智慧。谢天谢地，这张车贴的智慧曾经被哥白尼、伽利略等人所运用，他们在他们所处的那个年代里，反抗“地心说”这个主流范式。荣誉也归于那些在自己的口号中融入此标语的人，比如主张废除奴隶制的林肯和索杰娜·特鲁斯（Sojourner Truth）[①]，他们与当时的主流范式奴隶制斗争。

幸好，现在人们不会盲从这张标语而推翻废除了奴隶制度的废奴运动，让奴隶制度卷土重来。将这张车贴标语应用于当今范式和道德，比如量子物理学和堕胎，正像这张车贴所说的，仅仅考虑“观者世界”，然后恰恰采取对立立场是奇怪的。如果“摈弃主流范式”本身成为了主流范式，那又该怎么办呢？是时候拿出一张新的车贴标语了。事实上，当一个人将这张车贴标语贯彻到底的时候，逻辑和实践难题将随之而来。

哲学家 G. K. 切斯特顿（G. K. Chesterton）[②] 很好地总结了这个难题。他将我们的“范例颠覆者”称为“反抗的现代人”，他解释说：“对于所有反抗的目标来说，在实践中我变得无能为力。通过反抗所有的事情，一个人失去了反抗其中任何一件事的权利。”跳出思想的围墙，能够给我们带来一些人类

---

① 索杰娜·特鲁斯是一名美国福音传教士和改革家。原为一名黑奴。身为奴隶期间，索杰娜及其五名子女受到了她的主人的无情对待。1827 年，纽约州废除奴隶制后，索杰娜开始投身于福音派的传教工作，并在传教的内容中加入了废奴和女权主义的思想。索杰娜·特鲁斯一生积极与当时社会中的不公制度斗争，成为 19 世纪美国人权卫士的代表之一。——译者注

② 切斯特顿是英国文学史上少有的博学大师，他思想深邃、视野宏阔、文笔机俏、风格奇异，长于在寻常琐事中发惊世之绝响，回味之余，令人赞叹。——译者注

道德和科学生活中最宝贵的发现，如相对论、青霉素、奴隶制的废除以及女性紧身衣。但是，盲目地清空围墙里面的东西，以及颠覆所有值得放在围墙内的知识和价值，几乎是不可能的，也将使我们的生活空洞。

“范式”一词于 1962 年开始流行，哲学家托马斯·库恩（Thomas Kuhn）[①] 在形容一个特殊的文化共性的时候，提出了此词，接着得到了科学家的认可，被用来建构科学范式。库恩在他的毕业论文里含蓄地强调了这张车贴标语在实践和个人生活中的作用。当我们认可了一种世界观，我们会按照这个世界观去规范我们的经历，使我们在这种范式中越陷越深。当我们生活在地心说范式的时代，当我们在新的一天中从早到晚都保持清醒的时候，我们会清楚地看到太阳从地平线上升起来——“太阳升起”，如他们所说。我们的范式不仅规范我们亲眼看到的，还规范我们如何寻找答案与给出答案。

库恩警告，改变范式面临诸多困难。因为我们在心理上如此依赖某个观点，以至于当面临巨变，却看到自己昔日所信赖的是错的时，我们会遭受极大的震动。想一想，一个虔诚的信

---

① 托马斯·库恩，美国科学史家、科学哲学家。代表作有《哥白尼革命》（*The Copernican Revolution*）和《科学革命的结构》（*The Structure of Scientific Revolution*）。——译者注

徒不再从每一件事物和行动中感受到上帝，或者一个坚定的无神论者找到了超自然活动存在的“证据”，他们将要遭受怎样的精神折磨。所以，也许当我们“活在围墙内”，在主流范式中生活的时候，可以采取一种更现实的方法。与其“颠覆”，不如“质疑”或者“再检验”，或者至少对主流范式“保持警惕”。然后我们可以想一想围墙外是什么样的世界，只不过不要在泼洗澡水的时候把“孩子”也泼出去了。

伦理：二择一

至少环境保卫战进展顺利。

通过这张车贴标语的内容，我们知道了一些关于该车贴主人的事情：他认为最近美国故意介入的战争进展不利；他有一种聪慧、刻薄的性格；他不但相信那些显示全球气候变暖日益加剧和生态系统逐渐枯竭的数据，而且相信人类对这些负有直接责任。但是，如果我们真的结束并“赢得”了与自然的战争，将不会有人见证并宣布“任务完成”（因为一旦自然灭亡了，人类也就灭亡了），所以，深入了解在我们与自然的战争中到底正在发生些什么是十分值得的。

一开始，一切都很清楚：阿尔·戈尔（Al Gore）[①] 拍摄了一部电影，展示了几只北极熊的死亡过程，给所有人新的理由去支持环保事业。但是，戈尔的电影《难以忽视的真相》（*An Inconvenient Truth*）所做出的贡献，不仅仅是提供一些奇闻逸事的证据——因为你可以将这些奇闻逸事作为支持全球气候变暖等假设的证据。戈尔提供了信息、数据和科学实验。令北极熊爱好者感到不舒服的数据最后指向曾经模糊的、的确经常令人不舒服的“真相”。

在真相大战中，出现了一些宣扬每件事背后都藏有“阴谋”的阴谋理论家，从月球登陆到大屠杀、从刺杀肯尼迪事件到“9·11”事件，都在这些阴谋理论家的宣扬范围之内。我们那受到了约翰·格里森姆训练的耳朵竖起来，并且问道：如此浩大的阴谋背后的动力是什么？为什么前任副总统、美国各州政府、国家资源防御委员会、国家科学院要编造一个关于我们的星球上即将发生“末日审判”（比如，全球气候变暖将导致地球毁灭）的故事？因为除了那些真的希望世界毁灭，或者

① 阿尔·戈尔，美国政治家，曾于1993—2001年担任副总统。他在任副总统前曾出任美国国会众议员（1977—1985）及美国国会田纳西州参议员（1985—1993）。他的父亲亦曾任三届国会参议员。其后他成为一名国际上著名的环境学家，由于在全球气候变化与环境问题上的贡献，受到国际的肯定，因而获得了2007年度诺贝尔和平奖。——译者注

希望看到（《圣经》中说的）世界末日的善恶大决战的人，其他人还是希望能够好好地活在这个星球上。

克里斯·霍奈尔（Chris Horner）的书《红色谎言》（*Red Hot Lies*）的副标题是“全球气候变暖是如何大惊小怪地运用威胁、诡计和骗局向你灌输错误信息的”。这里，假设动机是：鼓吹全球气候变暖的人希望美国人在恐慌中生活，因为这种害怕能使人群易于控制，以便政府获得更大的权力。而且，科学家需要养活自己的家人，以及为自己的实验增添设备，所以他们必须提出一些观点好让政府给自己的项目拨款。一开始，人们觉得霍奈尔的话有些过分，但是等到人们发现，霍奈尔是一名曾经供职于竞争企业协会（保守思想的壁垒，其创建者包括那些决定宣战的埃克森-美孚公司、德士古公司[①]、福特公司、通用公司以及其他成员）的资深会员时，大家就不再怀疑霍奈尔的话了。

除了相互指责和寻找动机，我们的确面临着一些现实问题。资源保护委员会列出了全球化危机的一个单纯的解释：大气中的二氧化碳锁住了热量。这将导致气温上升、冰川融化以

---

① 美国德士古公司，美国大型石油公司之一，又称得克萨斯石油公司。——译者注

及海平面上升，导致数不清的其他难题，还会导致严重的热浪效应、干旱甚至火灾。而且人类正以史无前例的速度排放二氧化碳。

《科学美国人》专栏作家米歇尔·舍默解释了他是如何在数据面前从一个怀疑全球气候变暖理论的人转变为行动主义者的。正如金发姑娘坐在小熊一家的餐桌前，不吃烫粥，不吃冷粥，就吃温度"刚刚好"的那碗粥，地球环境也同样挑剔。这就是著名的金发姑娘原理[①]。在非常寒冷的冰川时代，地球上的二氧化碳十分稀薄（十万分之十八），没有生物能够繁荣生长；接下来在工业革命时代，气候转暖，大气中二氧化碳的浓度达到了十万分之二十八——"刚刚好"。现如今，其浓度已经达到了十万分之三十八，而且正在持续升高。预测下一个百年中，大气中二氧化碳的浓度将高达十万分之五十五，这将远远高于"刚刚好"的限度。

毫无疑问，人类活动直接造成了大气中二氧化碳浓度的增加，只是数量多少的问题。鉴于我们的汽车文化，大量使用聚

① "金发姑娘"现象是指行星条件（如大小或温度）"刚刚好"可以维持生命的必要性。该词源自金发姑娘的故事，她希望粥"既不太热，也不太冷"。一种广泛使用的例子是我们太阳系的可居住区（也被称为"金发区"），这里同样是既不太热、也不太冷，适合生命存在。——译者注

苯乙烯泡沫塑料制品，以及过度消费的生活方式，难道我们排出的二氧化碳对地球的大气层来说微不足道？或者正如数据所显示的，我们正在以自己的方式改造大气层？行星上气候的冷暖是交替进行的，就好比曾经是七大行星之一的冥王星，即使当它沿着自己的轨道移动到远日点的时候也会变热。

直到最近，许多道德理论将人类放在高于其他一切事物的地位上，包括《圣经·创世记》所昭告天下的赋予人类“地球的统治权”。但是，当自然伦理学出现之后，更全面地统摄了一切的盖亚假说（将地球视作一个自我维系的整体“地球母亲”）和深生态学（deep ecology，该学说将自然环境视作一个一旦给予人类，就必须获得道德关怀的整体）。盖亚假说的领路人詹姆斯·洛夫洛克（James Lovelock）① 最近提出，“全球变暖”并不确切，应该用一个更加精准的词来引起人们更多地关注“全球变烫”——因为“全球变暖”已经不足以引起人们的注意。

环境哲学家强迫我们认真考虑地球及其生态系统是否具有某种内在价值，或者仅仅具有一种“工具性”的价值，即我们

---

① 詹姆斯·洛夫洛克，英国科学家、环境领域作家，被誉为世界环境科学宗师。盖亚假说的提出者。在他的假说中，地球被视为一个“超级有机体”。——译者注

需要地球正常运转，以便能够做我们想做的事。比如，我们因为树木能够为我们提供木材、阴凉、纸张和观赏性而赋予它价值，或者我们赋予它价值仅仅是因为它本身。或者也许二者兼而有之。正如我们评价一个医生那样。如果你想保护一个濒危物种，是因为该物种本身具有价值吗？还是因为你希望将来能够看到这个物种的工具性，抑或把它当作食物？如果内在价值是存在的，那么我们应该给事物赋予高于纯粹工具性价值的道德地位。你可以问一下自己，你希望保护某物种，使其免于灭绝的动机到底是什么。

所有这些，催生了一个关于责任的讨论，即所谓的对未来几代人的责任。显然，父母有责任为子女甚至孙子女提供物质和精神上的帮助。但是，如果是一千年以后的后代呢？易洛魁印第安人的法律要求“经过全面的考虑，我们必须注意对今后七代人的影响”——很久以后的事。对于住在地球另一半的邻居们呢？从深生态学的角度来讲，阿恩·纳斯（Arne Nass）把每一个生物都形容为生态网中的一个连接点。他强调，我们的行为所造成的蝴蝶效应，与那些不具备行为自知能力的生物完全不同。他强调说，我们不仅仅是一个个单独的个体，我们真正的自我也是某个更大整体的一部分。“没有人是一座封闭的孤岛”，正如诗人约翰·多恩（John Donne）所说。

先不考虑一个人关于数据、自我以及星球的价值的信念，使人继续与自然作战而非为自然而战的真正动机是什么？比如，家长催促我们“打扫房间”的时候，难道我们不应该打扫这个我们和家长共享的房间吗？进一步做类比，不断催促的家长可能威胁道：“再不收拾，我就把你赶出去锁在房子外面。”没有办法对这个类比做出典型回答：“如果那样的话，我住在哪里呀？”所以如果你不喜欢住在冥王星上，也许至少应该：

热爱地球母亲。

最危险的地方是母亲的子宫！

听上去很可怕：我会憎恨曾经陷入这样的遭遇。哦……等等，首先让我们厘清信息：因为我们允许堕胎，进而很多人都选择了堕胎，然而当我们认为我们的世界很危险的时候（战争、疾病、酒驾、流感病毒，等等），作为一个胎儿更加惊心动魄。因为我们不希望自身陷入危险，所以我们也不应该允许类似的事情发生在胎儿身上。

这张车贴标语所说的是真的——比那些贴着“爱婴儿”车

贴标语的人知道的还要多。尽管他们用强力胶水把标语贴在车上，他们也应该在产生堕胎的念头之前，允许生物学家在他们思想的子宫里培育一些知识。

婴儿诞生的过程异常复杂，在一个妇女知道自己怀孕之前，她体内已经发生了千万种变化使她成功受孕。对于卵子来说，只有33%的概率成功受孕，即100颗成熟的卵子中，只有33颗能够继续发育成受精卵——其中有51颗无法在子宫内着床，而且有16颗因为环境的影响自然流产。

在美国，2008年上报怀孕人数有600万，其中将近130万人为终止妊娠，然而根据上述讨论推断，有将近400万的胎儿自然死亡——是人为终止妊娠数量的三倍。

某人也许会争辩道："是的，但这是自然运行的过程。"但是，当这种"自然运行的过程"发生在我们身上的时候，我们用抗生素、手术、化学治疗等手段进行介入。而且在我们无法介入的病症中，科学家正在研究治疗的办法，例如对艾滋病和阿尔茨海默病。这张车贴标语想要表达的是：一个母亲的子宫是最危险的地方——每年有400万胎儿没能活过前两周。但是，"生命始于受孕"的观念并不关注上述逝去的胎儿，也不关注纯粹被人工终止妊娠的胎儿。如此之多的"无辜市民"正在死去，我们希望有思想团体、组织机构或者市长能够通过项目来阻止这些死亡，但是迄今为止还没有。与之相反，我们常常关注杀害人数较少的因素，比如，心脏病、癌症和阿尔茨海默病（三者加起来每年才 130 万人）。而且，我们已经开始关注这些病了。事实胜于雄辩，这张车贴标语的所有者似乎应该看看自己的行动。然而，没有行动，哪怕是一点点。

克隆人也是人！

最终，伊恩·维尔穆特（Ian Wilmut）[1] 博士回答了诗人威廉·布莱克（William Blake）在《小绵羊，谁创造了你？》（*Little Lamb，Who Made Thee？*）一诗中的问题。而且，在科学与哲学的严肃问题之间，第一个成功克隆了哺乳动物的人貌似还带有一丝幽默感。1996 年 6 月 5 日，他利用一只绵羊的乳房细胞克隆出绵羊“多莉”，这个名字来自丰腴的乡村歌手多莉·帕顿（Dolly Parton）。“多莉”的诞生打开了克隆人类的大门。

---

① 伊恩·维尔穆特，苏格兰爱丁堡罗斯林研究所的胚胎学家，第一个研制出通过无性繁殖的克隆羊，被誉为“克隆之父”。——译者注

正如这张车贴标语所示，尽管实验成功，但也许会有人不赞成这种实验。将“克隆人”一词换成“黑人”、“女人”或者“犹太人”，也许会唤起我们对昔日历史的恐怖回忆，在当时，这三类人是不被世人认可的。当每个人都同意上述四种都是人类（也就是说，他们都拥有人类的遗传基因）的时候，问题就产生了：“他们是公民吗?”对事实的简单回顾有助于进行探究。粗略地预见，以上问题的答案肯定是：“他们是公民。”

简单地浏览一下所有的生物学课程，一个克隆人（源于古希腊语“嫩枝”）是利用一个人的基因片段创造出来的，而不是通过正常的做爱让精子与卵子相结合而来的。其实，克隆已经存在——同卵双胞胎在本质上是彼此的克隆，而且他们分享同一组遗传基因信息，像是从一个模子里面刻出来的。通过克隆，“父母”将会成为克隆人的直系兄妹。

一旦知识代替了原先科幻小说所带来的恐惧，答案就将变得十分简单。克隆人真的是公民，正如双胞胎也是公民一样。而且克隆技术带来很多好处：为不孕不育人士提供了另外一种选择，截断遗传病在带系之间的传播，“复原”已经失去的亲人，为器官移植提供供体。当然，科幻小说所担忧的是创造一支克隆人军团供战争使用，与此同时自然人以传统的方式创造人类。

快速浏览有关“如何定义克隆人”的文献，其中迈克尔·

乔丹经常被拿来举例。“我们真的希望大街上有一群乔丹走来走去吗?”评论者风趣地问。假如人类对未来的兴趣是如何提高人类将球投入篮筐的能力，以此为前提，我们可以很好地来解答这个问题。2002 年，总统生物伦理委员会（The President’s Council on Bioethics）颁布了规定，禁止克隆小孩，以及四年内在医学生物领域内不得进行克隆研究。他们所担忧的原因可以简单地归纳为如下几条，仍以乔丹为例：

第一，同一性——乔丹已经活过一辈子了，那么乔丹 2 号将要再把这辈子过一遍，对于克隆人来说真是无趣啊。

第二，商品化——公民将被商品化，而且我们不会像对待原版乔丹那样对待乔丹 2 号。当然了，乔丹 2 号乃至 12 号可以组成一支所向披靡的篮球队。

第三，优生学——我们将会在众多特性中选择一定的特性（如跳跃能力）保留下来，因而创造不自然的价值。

第四，家庭关系——原版乔丹将会成为乔丹 2 号的父亲以及兄弟，而且还是乔丹 3 号的祖父、父亲和兄弟，依此类推。原版乔丹将无法确定，是否能够给后来的乔丹讲述“想当年，我小时候”的故事。

通过简短的学习，我们意识到上述担忧都建立在错误认识的基础上，双胞胎不会引发他人的极度愤怒或造成社会忧虑。

生物伦理委员会主席、伦理学家利昂·卡斯（Leon Kass）提出了一个真正值得担忧的问题，那就是对“失败”的克隆人所造成的伤害——几乎所有的生物学家都承认克隆技术尚不完善，许多克隆人都会带有严重的缺陷。另外，一个统摄一切的担忧是“扮演上帝”。卡斯写道，把“人类生命的起源真正地交到人类手中”将会导致“进一步破坏人类对性爱以及人类活力的敬畏”。

先不管性爱对某些人来说是神秘的，还是对某些人来说是无聊的，克隆人绝对是公民。通常情况下，简练的车贴标语提供了一个深入思考的契机，提供了一个能够更加亲密接触并深入探索我们自己的人性的机会。

善待动物组织：人类把动物当作美味食物。

如果你不是一个前卫的动物保护主义者，那么当你看到这张车贴标语时，也许会感到惊奇：为什么这个人要宣布自己晚餐所吃的东西，而且还要强调它是多么好吃？有一个民间组织，其存在的宗旨是要告诉我们这些吃肉的、穿皮草的、打猎的人，动物是人类的朋友。每个人都需要归属感。

这张车贴标语的主人偷窃了这个民间组织的名字，实际上这个民间组织更加活跃，即善待动物组织（People for the Ethical Treatment of Animals，PETA）。这张车贴标语的主人偷窃了善待动物组织的名称的首字母，但是在一场抢占网络域名的官司中（善待动物组织对抗吃动物组织，People Eat Tasty Animals，PETA），吃动物的 PETA 败诉给了道德的 PETA，把域名 peta. org 让给了道德的一方。看起来，在制作网站的时候，道德的一方能够正大光明，而吃动物的一方则不得不在网上盗名登记。

有谁会对善待动物组织处理道德问题提出质疑？虽然善待动物组织做了许多有益的事，而且揭露了大量的不公正行为，但是有时候他们也会挑错目标，遗憾的是，吃动物的人和有权有势的大公司被带入了公众视野。

有时候，善待动物组织所用的方法的确欠妥。例如，善待动物组织的发言人宣布："我们当然要搞个天翻地覆。"这是为了维护动物的权利，善待动物组织成员视动物与人类有平等的道德权利。这就解释了他们为何在《时尚》（*Vogue*）杂志主编安娜·温图尔（Anna Wintour）的晚餐桌上放一只死浣熊，以抗议她对皮草业的支持。看来恶魔也穿皮草。骇人的皮草交易往往是暗中进行的，很多人无法亲眼看到，善待动物组织策划了一场揭发皮草制作方法的运动，如活剥皮、把动物一辈子关在小笼子里让其慢慢死掉以保护皮毛的完整性。很难想象，当人们知道了这个事实之后，还能站在吃动物的 PETA 的立场上支持他们的皮草事业。

另一种策略是，善待动物组织支持超模克莉丝蒂·杜灵顿（Christy Turlington）和金·贝辛格（Kin Basinger）全裸出镜，像傻瓜一样将裸照展示在大广告牌上，以此来抗议穿戴皮草，其广告语是“我宁愿赤身裸体也不穿皮草”。很难说这种做法到底在鼓励什么。一个人可以想象善待动物组织会继续威胁美国人：“如果你们继续穿皮草，我们就让全美国所有的超模都裸给你们看！”［他们让玛莎·斯图沃特（Martha Stewart）穿着一件尖领带扣衬衫出镜——漂亮女人就裸，年长或不漂亮的就不裸了。］

有一点儿讽刺的是，艳星帕姆·安德森（Pam Anderson）为善待动物组织义卖的轿车有真皮座椅，并且詹娜·杰姆逊（Jenna Jameson）在刚刚参加完一场“反皮草，支持善待动物组织”的活动之后，就被拍到穿着皮夹克吃牡蛎。看上去很可疑。（告诫自己：不要聘请艳星来参与道德事业。）接着，2003 年在耶路撒冷发生了一起恐怖炸弹袭击事件，善待动物组织令人不能理解地发狂了。他们给巴勒斯坦解放组织领导人亚西尔·阿拉法特写信，要求在未来的恐怖行动中不要使用动物，例如，在这次袭击中，一头毛驴被用来驮炸药。毛驴受到了彻底的伤害（被炸飞了），而且没有任何补偿（没有童子毛驴的天堂）。

善待动物组织主席英格丽·纽寇克（Ingrid Newkirk）开展了一项“屠杀你的餐盘”运动，此项运动把人类对动物的屠杀比作法西斯对犹太人的屠杀。许多经过深思熟虑的人认为，这个比喻很荒谬，而且冒犯了犹太人以及幸存者的家属。看上去好像如哲学家艾萨克·巴什维斯·辛格（Isaac Bashevis Singer）[①] 所写的那样：“对于动物来说，所有的人类都是纳粹；对动物来说，人间是没有尽头的纳粹集中营。”实际上，应该是“狗的生活”在大部分情况下只适用于狗。

善待动物组织在许多其他领域都功勋卓著，使公众开始注意像麦当劳、肯德基、阿玛尼和马戏团这样的大型公司是如何用残忍的、令人反胃的手段对待动物的。他们曝光了利欲熏心的企业为了获得鸭肝而暴力喂食，为了获得小牛肉而杀害牛崽，以及封面女郎化妆品公司在动物身上做试验而对动物造成了严重伤害等不公正的行为。最后，这些被曝光的企业联合起

① 艾萨克·巴什维斯·辛格，美国犹太作家。生于波兰。1935 年发表处女作《撒旦在戈雷》（*Satan in Goray*），同年流亡美国。其作品深刻反映了美国和波兰犹太人的生活。——译者注

来钳制善待动物组织。

诚然，纽寇克和她所创办的善待动物组织成为社会的“害群之马”，在我们这个“人吃狗”、“人吃肉”的世界里艰难地斗争下去。所以，她会做一做偶尔为之的公开演讲，维护“所有生命都拥有平等的权利”的观点：“一只老鼠是一头猪，是一条狗，是一个男孩儿。”先不管你是否认为一只老鼠是一个男孩儿（当然，是从道德上说），一个俯瞰众生的视角也许会使你不再抛弃宠物，转而拿饼干喂小鸟，而不是用石头砸死它。而且记住，佛教教理有可能是真的：当你落入类似于“吃动物的 PETA”所设下的陷阱，你自己已经在轮回中变成了一只动物，而且看上去很像那只猫嘴里叼着的金丝雀。

如果男人能怀孕，那么堕胎就会成为圣礼！

车贴的主人有必要这样说吗？支持堕胎的车贴主人气性很大，就好像随时会走火的枪。那些在死刑问题、安乐死问题甚至宗教狂热等问题上表达观点的车贴主人都比他温和。堕胎问题的确是个敏感话题，因此我们应该更冷静地去谈它；因此，这里就没有“枪支走火”的危险。

这类车贴标语迫使我们跳出围墙去思考问题。比如，堕胎成为圣礼……早期希腊哲学家希波的奥古斯丁（Augustine of Hippo）曾经给“圣礼”下了定义，即“不可见的现实的可见标志”。圣礼包括了最神圣的事务，比如，洗礼、忏悔和确认。忏悔是一个仪式，它背后的事实是上帝真的坐在忏悔室隔板的另一侧，准备倾听你的忏悔：偶尔周六没有休息而是工作，或者你只是想到了偷窥邻居的老婆。很难想象，男人堕胎仪式背后的现实是什么。而且再一次，鉴于天主教教徒的离婚率那么高，很难断定圣礼还具有什么意义。

“如果男人能怀孕”，这条车贴中的假设会引发社会学家、心理学家和社会评论员在此之上大做文章。女权主义者的标志性人物格洛丽亚·斯坦姆（Gloria Steinem）① 在她的文章中叙述，如果男人也来月经，社会观点将怎样变化，她的这一假设很接近男人可以怀孕：“如果男人也来月经’他们将会夸耀月经量大并持续了很久……卫生巾将由联邦基金免费供应。当然了，一些男人会为卫生巾做广告并收取费用，例如，保罗·纽

---

① 格洛丽亚·斯坦姆，美国女权运动先锋，记者和社会活动家，66 岁结婚，活得像个传奇。她母亲曾是抑郁症患者，挣扎在自我理想与社会期望之间。格洛丽亚深受影响，致力于为女性争取权益。她揭露《花花公子》兔女郎的故事，揭开了反色情运动的风潮，在女权运动历史上留下了浓墨重彩的一笔。——译者注

曼卫生棉条、拳王阿里倚绳战术护垫，等等。”

她还总结说，宗教的原教旨主义者们会将只有男人才有的月经作为只有男人才能在政治机关和教堂高级职位上履行上帝职能的证据——毕竟，它叫作“男经”（men-struation）。她回应了《圣经》中关于处在经期的女性不洁的论述——月经来潮以及随后的七天之内——并且接触处在经期的女性也会被不洁玷污。（我真心希望这是我编造出来的，可惜《圣经》里真的是这么说的。）在斯坦姆关于男人来月经的科学幻想世界中，她说，男人不但不会被认为是不洁的，反而会被认为是神圣的，正如上帝自己“为我们的罪流血”。杰出的男性拉比(Rabbi)①“每月一次将不洁之物流出体外”实际上会净化他们，然后，他们仍会给女人赋予“不洁”之名，因为女人不来月经。

从这个问题转到只有男人才能怀孕的假设，我们可以想象世界观将如何变化。而且“超亮蓓蕾”牌啤酒广告将打出“啤酒能够平衡孕男的肚皮”的广告词来强调孕肚的美好。或者，

---

① 拉比，有时也写为辣彼，是犹太人中的一个特别阶层，是老师和智者的象征，指接受过正规犹太教育，系统学习过《塔纳赫》、《塔木德》等犹太教经典，担任犹太人社团或犹太教教会精神领袖，或在犹太经学院中传授犹太教教义者，主要为有学问的学者，犹太教中负责执行教规、律法并主持宗教仪式的人。原意为教师，即口传律法的教师。——译者注

也许正如斯坦姆略有提及的，这张车贴标语也许是正确的，而且，最终堕胎会成为时尚流行——床柱上的又一道刻痕（在床柱上刻一道表示达成了一个目标）。

赛利雅·沃尔夫·戴文（Celia Wolf Devine）站在反对堕胎的立场上进行辩论，指责这张车贴标语是幼稚的、未发育完整的。她认为，我们的整个语言伦理系统都是以典型的男性气质为基础的，例如，对抗、权利和个人主义，我们都是通过这个语言伦理系统来审视堕胎的。她认为，我们还应该关注女性气质的角度，比如，培育、关怀和合作精神。而且要意识到，逻辑也许在我们现有的视野之外，在父权道德所构建的围墙之外。

斯坦姆以一种“历史是胜利者书写的”的方式，简短地总结了两种立场：“逻辑只存在于逻辑学家眼中。”在真正的车贴标语的形式中，她的话一半是对的，一半是错的。正确的是，当今所共有的时代精神的确是以当权者所规定的秩序进行对话的，而当权者指男人。但是逻辑就是逻辑（同义反复，永真），如果所有的单身汉都是未婚的，那么没有单身汉是已婚的，无论是谁说的、谁想的，它都是真的。斯多葛学派要求我们在追求真理的过程中应该避免情感和激情的阻碍：这就是他们所说的“忍受”。也许，纯粹的逻辑并不浪漫——在讨论男人堕胎的时候也毫无浪漫可言啊!

我不反对安乐死；我的鞋是亚洲童工做的。

一张车贴说两件事很奇怪，一边儿是因怜悯而杀人，一边儿是血汗工厂，这两件事根本不搭界。为了找到要点，我们先从前半句开始，看看下面这张车贴标语所说的：

“安乐死”是一种矛盾的说法；没有某种死亡是好的。

“安乐死”(good death)，源于希腊语“好的”(eu)和“死亡”(thanatos)。当我们把词根拆出来，“矛盾”(oxymoron)这个词本身的组成部分就是相互矛盾的，它的一部分是希腊语“锋利的”(oxy)，一部分是希腊语“迟钝的”(moros)。矛盾，即用委婉的语言表达犀利的思想。在如下情况中，死亡是不好的，但是有些人相信死亡能够人为地变好。

在进入医疗专业领域的时候，准医生们会进行一项名为“希波克拉底誓言”的仪式，为作为职业医生的职责奠定基础。这要追溯到古希腊医生希波克拉底(Hippocratic)，大约在公元前 400 年，誓言是："我将使病人远离伤害。"但是说到这条"远离伤害"的规则，医生们经常反复地（同时，也是令人感激地）"伤害"他们的病人，例如，用针缝合血管、操作手术，以及脊椎抽液——经历过这些治疗的人，知道这点儿伤害不算什么。但是，伤害并非必然蕴含着更深一层的"伤害"。一条附加的誓言：帮助更好地维护病人的权利。该誓言禁止医生做出"故意的不适当的行为"（有的还包括禁止医生和病人发生情感关系）。最近，一些医学院更新了誓言的内容。"拉萨格纳誓言"［源自真人的名字，是作家路易斯·拉萨格纳（Louis Lasagna）］，区别在于不再让医生们向阿波罗或其他希腊之神发誓，而是改成"我的权利中包含带走生命的权利"。但它也模糊地包含"首要的是，我不得扮演上帝的角色"。扮演上帝的角色造成了更多的灰色地带，就好比医生竭尽全力去阻止的事情都是上帝安排的。药物使我们活得更长、更健康，而且如果指责一个医生说："上帝让我得癌症，你却治好了我。"这是非常奇怪的。

现如今，在美国和加拿大，只有 14%的医学院禁止安乐死（尽管只有 3%的医学院明文规定了禁止医生和病人发生性关系）。所以，为了更加精确地检验安乐死，理解与安乐死相关的概念是非常重要的：

自愿死亡：得了绝症的病人渴望得到解脱。

非自愿死亡：一个病人被诊断为永久性植物人而被终止生命。

主动安乐死：一个医生主要通过注射过量的吗啡或者关掉生命支持系统使病人死亡。

被动安乐死：一个医生在病人还能活下去的情况下让病人死亡。

医生协助自杀：病人在自杀的时候由医生在旁边协助，比如给病人药片或者关掉维持生命系统的开关。大多数人主张这不符合安乐死的条件。

最近，杰克·凯欧克因（Jack Kevokian）[①]博士使自愿死亡、主动安乐死和医生协助自杀的说法流行起来，他还声称已经帮助了130个人施行安乐死。他由于在1999年拍摄了一段为一个患有肌萎缩侧索硬化而不能自杀的病人实施协助自杀的视频，而被指控为二级谋杀罪。在视频中，他挑战了试图阻止他这种行为的法律体系，所以一个陪审团团员说："注意你自己的行为，停止吧。"2005年，持续了七年之久的围绕着特

① 杰克·凯欧克因，祖籍亚美尼亚，美国病理学家、安乐死先驱人物、画家、作曲家、演奏家。——译者注

莉·夏沃（Terri Schiaro）事件[①]展开的法律争论将非自愿安乐死带入了公众视野。特莉被诊断为植物人，她的进食管被掐断，随后死亡。尸体解剖报告证实，她的大脑事实上已经坏死为原来体积的一半大小。

比起被动安乐死来说，主动安乐死引发了更多的争论。支持者认为，执行主动安乐死的医生不仅在程度上、而且在本质上不同于那些任由病人自然死亡的医生。反对者，如伦理学家詹姆斯·雷切尔斯，提供了一种假设场景，试图强调两种行为在道德层面是一样的。想象一下，一个家庭成员会在他的侄子死后得到一大笔赔偿金。所以，在第一种情况下，当侄子正在浴室洗澡的时候，叔叔进入浴室并且淹死了他。在第二种情况下，叔叔进入浴室，打算淹死他的侄子，但是侄子滑倒掉进浴缸里。叔叔俯视着侄子，准备一旦侄子试图站起来，就立刻再把他按下去，但是叔叔不需要做任何事，侄子死了。雷切尔斯认为，行动和不行动在道德层面是等同的，而且我们应该因此视主动和被动为伦理等同的（从道德层面讲）。

---

① 特莉·夏沃，1990年因医疗事故陷入脑死亡状态，只能依靠进食管维持生命。她的丈夫兼监护人1998年向法院申请对妻子实施安乐死，但特莉的父母坚持要维持特莉的生命，并想争取对女儿的监护权。2005年3月24日，经过几轮上诉，佛罗里达州女植物人特莉·夏沃的父母最终在美国最高法院判决中败下阵来，大法官们拒绝给特莉重新插上进食管。——译者注

一条经常被用来反对安乐死的理由是，以宗教为基础的“神圣的生命”的观念。1965 年，天主教教堂宣布，安乐死是一种“反生命的罪行”。不过 25 年之后，他们撤销了这种说法，当“不可避免的死亡即将临近”之时，允许执行被动安乐死。人们当然地认为，强迫某人缓慢地、痛苦地死亡必然违反他的意愿，而且这是不神圣的——甚至当歹徒和恶棍对牺牲者造成了必死的创伤之时，也会给他们一枪，一弹解千仇。

“生命无法用金钱来衡量”的理论在实践中是失败的。每一个医院院长都会告诉你，可用的医疗资源是有限的；对于每一个病人来说，竭尽全力地救治是很少发生的，仅仅是因为人力和财力不够。在某些禁止安乐死的国家里，一种很狡猾的做法是，声称“停止给病人供给养分与水分”（PRNH）是更加人道的做法——他们“任由”晚期病人在饥饿中死去，从而避免不道德地杀死病人。

当安乐死是合法的时候，我们必须注意其中的心理问题。我们应该研究，当一个人处在心理脆弱阶段，他是否是在毫无压力的情况下真心地想要自杀？打个比方，醉酒的人因为丧失理智而不能做出心口如一的行为。卫生维护组织（HMO）希望病人能够快速周转，这样他们就能够接收更多的病人、赚更多的钱，所以，他们倾向于提供便捷、廉价的安乐死措施。而且，如果病人生活在一个将安乐死作为人生选择的舆论中，病人会觉得自己成为了家人的“负担”，而最终做出屈服于外界压力的选择。哲学家大卫·威乐曼（David Velleman）认为，将这种压力放在病人肩上，让病人去决定是否继续活着的情况应该反过来（不应该给病人提供安乐死的选项，而应该让医生决定是否给病人实施安乐死）。

矛盾或者不矛盾，好的死亡也许是不可能的，坏的死亡却显然是有的。

好吧，是的，不要忘记标语的下半句……

我的鞋是亚洲童工做的。

耐克是将品牌效力发挥到极致的标杆。人们真的很喜欢那个对勾标志，结果鞋成了走在路上的广告牌，这和消费者希望展示纯色保罗牌T恤衫上的马球标志是一样的。对勾标志向每个人传达的信息是，他们希望“像迈克·乔丹一样”，而且第一步就是买一双价值150美元的耐克鞋。穿着这双鞋，他们与“放手去做”（Just Do it）更近了一步，而无须在意“放手去做什么”。当耐克鞋要求我们“像迈克一样”，其意思当然不是“天生具有运动能力，并且通过后天努力去磨炼这种天赋”。就好比赤裸的阿伯克龙比（Abercrombie）[①] 模特并非真的会穿他们所卖的满是小洞和褶皱的衣服。但是，当消费者用金钱回报广告业的时候，我们还能期待什么？马球商标暗示，你的保罗牌 T 恤衫对异性具有吸引力，这在过去的 10 年中使该商品的销量增长了三倍。汤米·希尔费格（Tommy Hilfiger）[②] 在商标上下的工夫比在衣服上下的要多。没有其他的符号能够像商标这样有这么大的扩展空间，这实际上已经超出了布制衬衫所能承载的价值，或者穿着 T 恤衫的人应该举着马球雕塑走来走去。

这就是为何耐克曾花了将近 2 000 万美元来营销自己的生活理念，但是在改善商品方面却一毛不拔。乔丹可以穿着任何一双通勤鞋“放手去做”，正如乔丹在一次陈述中说道：“在我和耐克公司签署合同之前，我从来没穿过耐克鞋。”但是，在穿上耐克鞋之后，他获得了 1.3 亿美元的广告费，这对他的事业很有帮助——而乔丹的明星效应帮助耐克公司在签约后的第一年仅在鞋方面就创造了 1.3 亿美元的销售额。

---

① 阿伯克龙比是掀起全球时尚旋风的美国休闲第一大品牌，是当今年轻人最青睐的品牌，也是美国大学生最中意的品牌之一。——译者注

② 汤米·希尔费格是美国休闲领导品牌之一，以其独特的款式设计与生活品位，在庞大的生活潮流市场中鹤立于顶尖之位。——译者注

到现在为止，一直都还不错（对耐克来说）。但是，这里有一个问题，正如无数的书籍、调查报告和纪录片所说的那样：当耐克公司在1996年卖出了价值6 500万美元的鞋子的时候，在印尼和越南制作这些鞋的工人们，每人每天分别只赚2.46美元和1.6美元。对于一个越南工人来说，为了买一双自己制作的鞋，他要不吃不喝地工作40天。更糟糕的是，各种各样的新闻网站都曝光了工人在血汗工厂中遭遇重复性劳作和性虐待的事实，他们要忍受恶劣的工作条件，并被迫每天工作16个小时。75%的耐克鞋在那些没有独立工会组织的国家里生产出来，耐克公司首席执行官菲尔·奈特（Phil Knight）① 可以继续这样做，至少他可以保住自己现在的"全美第七富有的人"的称号。在商业竞争中，他于1990年就收入了500万美元。

但是，杰出的资本论者米尔顿·弗里德曼（Milton Friedman）② 发表了著名的言论："商业唯一的社会责任就是增加利润。"所以，争论来了。在自由市场中，如果一份工作不那么

① 菲尔·奈特，耐克品牌的传奇领袖，全球财富500强公司领导人之一。——译者注

② 米尔顿·弗里德曼，美国当代经济学家，货币学派的代表人物。以研究宏观经济学、微观经济学、经济史、统计学及主张自由放任的资本主义而闻名。——译者注

好，血汗工厂的工人们——包括 6 岁的孩子，每小时赚 6 美分——不会接受这份工作。在哈佛大学的教堂内，校长劳伦斯·萨默斯（Lawrence Summers）[①]在他的喋喋不休的早间祷告中，为捍卫血汗工厂做演讲或祈祷："工人是自愿被雇用的，他们已经选择了这份工作，因为他们认为这是最好的选择。"但是，这有点像"选择"去一家在工作时被虐待 20 分钟而不是一个小时的工厂工作。正如一个古老而悲伤的笑话所讲的那样，比被资本主义剥削更糟糕的事情，就是不被剥削。然而善良一点的恶魔仍然是恶魔。

所以，是的，车贴标语在这里正中要害。尽管如此，由于我们具备了一些知识，所以，我们也许可以拧着耐克的商标，而且要求他们"不要放手去做"。

刑讯只在电视节目里起作用。

事实上，电视节目中的刑讯情节，并非起到了比《媒体》

① 劳伦斯·萨默斯，美国著名经济学家，美国国家经济委员会主任。在克林顿时期，担任第 71 任美国财政部部长，曾任哈佛大学校长。因为研究宏观经济的成就而获得约翰·贝茨·克拉克奖。——译者注

(*Medium*)[1] 或者《脱线家族》(*The Brady Bunch*)[2] 中的通灵梦更多的作用——它们是电视节目，是假的。尽管知道人们和电视台与节目“里面”的角色建立了紧密的情感联系，一个人将电视机这种媒介作为人们日常的心灵实验室，还是可以理解的。对于那些不关注电视内容的研究者来说，也许能够更精确地进行分析。如果事实证明这是错误的，那么我们可以看看更有压力的问题：“我们应该对别人用刑吗?”

为了更好地研究这个问题，我们转而去问问进行过实际操作的人。海军陆战队队员斯图尔特·海灵顿（Stuart Herrington）在越南主导了多次刑讯，并且声称大部分普通的被审讯者在受到了轻微的“无压力”刑讯之后，提供了他们需要的情报——尽管他也承认，对于狂热宗教分子来说，“无压力”

---

① 《媒体》是一部美国电视系列剧，于 2005 年 1 月 3 日在 NBC 首播，于 2009 年 6 月 1 日结束。该剧主角埃里森·杜布瓦在亚利桑那州地区检察院办公室工作。节目最初以埃里森·杜布瓦为主线，讲述了她与全国各地的执法机构合作工作的故事。——译者注

② 《脱线家族》基于 20 世纪 70 年代风靡一时的同名家庭情景喜剧拍摄，描述了布雷迪一家在 90 年代的遭遇。布雷迪一家让人羡慕：一幢在城郊的大房子，工作稳定的丈夫迈克，持家有方的妻子卡罗尔，以及一群乖巧的孩子。布雷迪家的邻居是贪婪的迪特迈耶夫妇，他们经营房地产经纪生意。迪特迈耶夫妇想将这片土地卖给开发商兴建大型商场，而布雷迪一家是最大的钉子户。迪特迈耶夫妇在布雷迪家的信箱中发现了一张过期税款通知单，这导致布雷迪一家在短时间内要筹到 2 万美元，否则他们的房子就会被拍卖。而这时候，几个孩子孤注一掷，参加了一场奖金高达 2 万美元的才艺比赛。——译者注

的刑讯的成功率下降到了60%。没有什么比棒球术语更能贴切地描述刑讯中的数据了。在这种情况下，一个人是如何打出一个“本垒打”的呢?

但是，该问题遭到了挑衅。在杰克·鲍尔①的24种刑讯方式下，牺牲品会说出任何事情以阻止疼痛。正如空军上校约翰·罗斯罗克（John Rothrock）所说的：“如果我把鲍尔的炉子放在某人的生殖器下，这个人会告诉你任何事。”尽管貌似我们可以测试被刑讯者提供的信息的准确性——只需看看他们所说的石头下面是否藏着他们设置的定时炸弹。如果炸弹不在那里，那么把炉子重新打开。这好像不是我们试图让他们承认对我们的爱：“告诉我你有多爱我，并且证明它。”

“赞成刑讯”的鼓吹者所带来的问题，是类似潜在的其他国家对刑讯国家的士兵的报复行为，这就造成了野蛮行为和对和平协议的破坏。

同时，很难预测没有刑讯手段我们还能完成什么，情境是如此不同。“如果我们不用鲍尔的炉子折磨你，你会向我们坦白吗?”刑讯专家米歇尔·考比（Michael Koubi）认为，没有

---

① 杰克·鲍尔是美国电视系列剧《24小时》（*24 Hours*）中的主角。由基弗·萨瑟兰（Kiefer Sutherland）扮演，是剧中唯一一个每季每集都出现的角色。——译者注

两个人在刑讯中的表现是相同的。看看我们的时代最负盛名的审讯者之一贝比·鲁斯（Babe Ruth）关于这个世界的格言。他提供了这样一种安静地坐着，几个小时盯着被审讯者的方法，在被审讯者的头顶悬置一个袋子，或者给他一两巴掌。这肯定比在阿布格莱布监狱[①]操场上折磨人的做法更人性化。

当然，这就迫使我们进一步讨论如何定义刑讯。是什么使得刑讯如此残酷而不同寻常？“然后，我坐在一个房间里，整整听了两个小时后街男孩的歌，而且无法堵住我的耳朵。”最近浮出水面的是，布什政府的全明星折磨小队——强尼、赖斯、拉姆斯菲尔德、鲍威尔——被授权使用“加强版审讯技术”（EITs）而不是“刑讯”。这样就巧妙地规避了他们关于“刑讯”的定义，而所谓“刑讯”包括意图造成严重的伤害和杀害。这些“加强版的审讯技术”包括水刑，它指受审者被绑在木板上，脸部被用布或纸盖住，然后有人向其脸上喷水，或者受审者被面部朝下浸入水中，产生一种“被控制地”即将窒

① 阿布格莱布监狱，位于巴格达西郊，20世纪60年代由英国公司承建。后来逐渐成为集中关押政治犯的监狱，在伊拉克臭名昭著。2002年，萨达姆连任总统后宣布大赦，适用于大多数政治犯和除杀人犯以外的刑事犯，之后，此监狱基本被废弃。——译者注

息或溺水身亡的感觉——相同的技术被波尔布特（Pol Pot）[①]所采用，而且波尔布特所采用的方法曾在第二次世界大战结束后的战犯审判中被起诉。但是他们想澄清："加强版审讯技术"不再算是刑讯了。

大部分关于刑讯的讨论都引入了一种功利主义的范式：对别人做出如此行径很显然是坏的、痛苦的和不幸的，但是结果是好的——无数无辜的生命得到拯救——显然这比允许恐怖分子造成伤害要强。2001年，一名基地组织的恐怖分子在迪拜被捕，他遭到了刑讯并最终交代了信息，从而阻止了一次针对美国大使馆的恐怖袭击。他——或者更准确地说，他的刑讯者——证伪了这张车贴标语。哲学家米歇尔·莱文（Michael Levin）宣称刑讯"就像是阻止未来邪恶发生的方法"。他让我们想象一下，我们逮住了一个恐怖分子，这个恐怖分子在曼哈顿设置了一颗炸弹，而且炸弹将要在当天下午爆炸，届时会造成无数人死亡。显然，大部分人会支持任何可能阻止这件事发

---

① 波尔布特，柬埔寨共产党总书记。1976—1979年出任民主柬埔寨总理。他的极左政策受到国际社会的普遍谴责。波尔布特曾组织抵抗法国殖民的运动。1975年，他发动红色高棉运动，推翻原来亲美的朗诺政权，建立一党专政的独裁政府。因为边境冲突，越南于1979年占领了柬埔寨大部分地区，他逃到山区建立游击队抵抗越军，1997年，他在柬埔寨山区被公审判处终身监禁，次年病死。——译者注

生的方法，甚至是残酷的折磨。如果你有“一个很要好的朋友或者亲人住在纽约”，你会说服那些反对刑讯的人转而变为支持者。

一旦一个人承认了这一点，就只剩下程度的问题了，而不是原则的问题。这使我回忆起一个经常在酒吧里被使用的花招，一个男人建议一个女人和他回家并支付她 100 万美元，当她兴奋地同意之后，他重新商议只给她 5 美元，她的反应是彻底的愤怒：“你把我想象成什么人了！”对此他回答道：“我们已经达成了原则上的一致，现在我们仅仅需要谈拢价格。”一旦你同意利用刑讯去拯救千千万万的人是合理的，那么我们犹豫的仅仅是被拯救的人数了。对于那些很重良心的人来说，莱文提供了一个基于权利分析的更进一步的判断，他认为，那些恐怖分子不但是自愿做出恐怖袭击的，而且因为实施了恐怖袭击，他们已经“宣布放弃了文明的准则”。而且，如果刑讯没能得到想要的结果，一些人会倾向于“折磨恐怖分子的女儿”的场景，在这种场景中，好像折磨一个无辜的人潜在地拯救了上千万其他的人。

所以结果是，有时候刑讯是有效的。而且在很多情况下，大部分人认为它是合理的，尽管很多例子证明，刑讯不但失败了，而且造成了更多的伤害。而且当认同了美国所宣扬的“每一个人类家庭的成员”都具有不可剥夺的权利的时候（这比刑讯小组所定义的“刑讯”拥有更宽的范围），我们就必须重新思考我们针对非宗教狂热犯罪所使用的方式——也许从迫使他们 24 小时连续不断地看电视剧《24 小时》开始。

我们通过死刑来告诫人们杀戮是错误的！

很难想象一个人给出怎样的答案才会在职业规划咨询中得到“刽子手”的分类结果。我们以一种恐怖的练习为乐：一个药剂师在给健康的病人下毒的时候还给针头消毒；心理医生不知疲倦地研究具有心理疾病的死刑犯人，仅仅是为了给处死他们的行为找到合适的理由；医生救助心脏病发作的犯人，仅仅是为了第二天能够杀死他。大部分好莱坞电影都极力反对死刑，我们不应该给予它们好的（或者坏的）定论，而是应该检验实际情况是什么。给予电影明星道德或政治上的关注是很奇怪的——毕竟他们只是艺人——我们应该讨论政府是否有权利给市民判处死刑。

虽然试图展示死刑的非正义性，但是这张车贴标语并没有打中靶心。它是错误的，一方面它不是真的，另一方面它的不那么微妙的修辞并没有形成前后一致的论证。我们必须首先通过这张车贴标语的修辞——即讽刺——来提取真正的论证。这张车贴标语断言了执行死刑是不道德的——甚至是伪善的——因为杀死刑犯也是杀人，打破了“不要杀人”的戒律。这张车贴标语在本质上不同意死刑这种报复主义，即以刑法作为对犯人行恶的报复——给予罪犯与其罪行相应的惩罚，以眼还眼。

我们通过监禁来告诫人们绑架是错误的！

设想一下没有监狱系统的情况，它错误地传达了关于我们的绑架禁忌的信息。绑架指的是非法带走某人，而没有通过审判程序，这就好比谍战片或者布什政府的关塔那摩监狱中所上演的好戏。逃避停车罚款不构成盗窃罪。而且，死刑不是谋杀。我们不能制定法律而后又说它“高于法律”。在古希腊，一些逻辑学家在某些情境下一定说过这条逻辑规则：“一件事物无法超越它自身。”

使这种以“死刑支持死刑”为标语的反死刑论点是失效的，因为它对于我们这些提倡“支持死刑”、免责以及“以眼还眼”的支持死刑主义者还不够。提供证据的重担落在支持死刑的一方。而且，尝试找到一个为我们政府杀死市民辩护的方法是很难的，这个重担很重。但是，我们的死刑废除主义者却能轻松地守护着正确的结论。他们仅仅需要恰当地守卫它。

在这样做的过程中，死刑反对者面临着各种各样的哲学批判。例如，下面这张车贴标语所说的：

死刑不是用来防备好人的，
而是用来惩治坏人的！

自 1900 年以来，美国已经处死了 23 个无辜的人。而且在最近的 30 年内，另有 130 人因为错误的判决被赦免死刑。在这些错误地判处了死刑的案件中，最常见的错误是实验室失误、证人的错误辨识以及监狱告密者——由于监狱刑罚大量减少了判决时所需要的证据（曾经如此），导致了这些告密者可以轻易地将某个看不顺眼的人拖下水（为了自己的利益而牺牲或背叛他人）。而且，在被判处死刑的人中，穷人和少数族裔在严重不公的情形下面对着更高的死刑判处概率，当一个杀人犯谋杀白人的时候比谋杀黑人的时候更有可能被判处死刑。正如历史上经常被引用的一位修女的话："如果政府无法信任自己能够控制它的官僚作风，或者公平地收取税收，或者填补财政空洞，那么更无法信任自己能够裁决一个公民的生死。”所以结论是，死刑也杀死了一些无辜的人，比如在不公正判决下死去的少数族裔邻居。

先不说这些。毕竟，没有一个体系是完美的。假如政府是为了更伟大或者更“公正”的目的而不得不杀死一些公民，这能够被允许吗？很难说这张支持死刑的车贴标语是如何判断谁是所谓的“坏人”，并该判他们死刑的。这里有三个基本的方法来使政府惩罚公民的行为合理化。当我们将政府行为看作更高标准的家长行为的时候，我们能够想象一个家长公正地惩罚一个孩子时拥有相同的基本逻辑：

功利主义——惩罚能带来好的结果。因为乔尼打了杰米而把他关进房间里，是为了阻止他再次打人，而且震慑了将来可能打人的人。

报复主义——罪犯遭受惩罚是因为他罪有应得。因为打了杰米，乔尼应该遭到被关在卧室里的惩罚，因为他侵犯了杰米的权利。这就好比老师给乔尼打了很低的分数时所说的话：“不是我给的分数低，而是学生应该得到这个分数。”

重建主义——惩罚能够改正之前的过失。坐在卧室里反省一个小时能够塑造一个更好的、不打人的乔尼。

显然，读者知道，我们的车贴标语不能利用最后一条理由来为死刑辩护。

而且也不太可能采用功利主义的理由，正如车贴标语的前半句成为了第一条理由的概念基础：震慑——也就是说，“杀鸡给猴看”。在理论上，设置死刑可以震慑那些计划谋杀我们的人，使他们克制自己而不是痛下杀手。我们可以想象，假如在公路上超速行驶会被判处死刑，那么高速公路上的超速行驶行为将会少得多。“震慑”是提倡死刑者经常援引的理由。

当乔治·布什还是得州州长的时候——得州是全美支持死刑的几个州之首——他承认，“我认为支持死刑的原因就是它能够拯救更多人的生命。”但是，不只是“想到”这一点，如果一个人真正看到了其背后的真相，这个人会发现它是未经证实的。在那些废除了死刑的国家和地区，谋杀犯罪数量并未像威慑理论所预测的那样因为死刑的取消而上升。可能犯下谋杀罪行的人并未进行如下的深思熟虑：“如果我被抓，我仅仅会在监狱里度过余生而不是被处死，所以我决定实施谋杀。”终身监禁的威慑力，在阻止人们犯下谋杀罪方面，与死刑具有相等的效力。

而且，有一句格言刻在死刑支持者的灵柩上（是决定死刑支持者成败的关键因素)：生命权利不可剥夺。起作用的部分是“不可剥夺”——不可放弃或被带走。所以，即使我们的车贴标语的支持者支持杀死无辜者或者不公正地处死某些市民(甚至更糟)，他们也还需要做很多事来支撑他们拙劣的死刑论证。或者他们可以淡忘这些，然后和其他一百多个允许死刑的国家以及人口中受过教育的人一起，买一张新的车贴标语。

反对堕胎？那么避孕！

设想一下，当一个孩子因为考试作弊而被父母训斥的时候，孩子的反应是什么：“爸妈反对作弊？那么我不作弊就是了！”这个孩子显然没有领会到道德这个要点。实际上，他——以及这张车贴标语——停滞在了心理学家劳伦斯·科尔伯格（Lawrence Kohlberg）所谓的最低等级的道德建设的水平上。这种处在“前惯例期”（pre-conventional）的人并没有道德观念，凡事只会着重个人利益和只为满足自己而行事。他们所做的事，并非我们所谓的“应该去做”的事。

更进一步地修正它，使它变得彻底怪诞，可以设想宣称：“反对谋杀？那么就不谋杀了！”——感叹句指出只有小孩儿才会这么想，就好像我们必须遮掩大脑的情感中心，对抗更加精确计算的逻辑区域。谋杀者的视角，基本上依赖于支持生命者如何持续地观察上述车贴标语。很不幸地，它加剧了敌对双方的争论，引发了更多的叫骂，而且扩大了车贴标语式的纠缠，而非促进讨论的进展。

对于社会上的大部分人来说，这个话题成为妈妈们之间划清界限的战场。一方面，大部分人不把一堆肉眼不能看到的细胞当作一个人类，更不是拥有道德权利的人类。另一方面，势不可当的是，相当多的一部分人认为，在孩子出生的前一天堕胎，在道德上是罪恶的。一个人当然不会把这种特殊的问题等同于个人口味的问题——“不喜欢吃澳洲臭豆腐？那么别吃就是了！”仅仅无视某些人在生产前一天堕胎是不可接受的。在这场争论中提出挑战的大部分人经常引用这样的比喻：我们能否因为偏向一个人类胎儿的权利而损害一个妇女控制自己身体的权利？

哲学家马丽·安妮·沃伦（Mary Anne Warren）争论道，一旦有机体变成了一个有道德的人，那么这个有机体就有生存下去的权利。对她来说，道德人格所要求的比人类 DNA 所要求的更多，正如一堆细胞在当今的概念来看很难称为一个人。她所提供的道德人格标准包括了知觉、推理、自我能动力、传播的能力以及自我意识。许多哲学家和政策决定者认为这个标准太狭窄了，因为它错误地排除了某些特定的有道德的人类，如新生婴儿。当然了，即将造访我们的智慧个体，例如，具备推理能力的外星生物和有自我意识的安卓系统，也是这样想的。

决定精子和卵子相遇后，何时变成一个道德意义上的人，是一个挑战。其他一些人建议如下：

第一天：受精卵，需要一个灵魂，你的猜想就像我想的一样。

8～12 周：具备脑部功能。

9～12 周：能够感受到疼痛。

23～24 周：好活了（能够在子宫之外的环境里生存）。

40 周：出生。

为了回答“什么时候是人格的开端”这个问题，生物伦理学家巴鲁克·布罗迪（Baruch Brody）提供了一种“跳出盒子思考”的方式，他以这个问题开始：“什么时候是人格的结束?”（或者，以开始一个新的阶段的方式问：“什么时候是死亡的开始?”）医药工会的专家回答说：脑死亡。所以当《实习医生格雷》（*Grey's Anatomy*）里面的“男神”为实习医生格雷的解剖宣布“死亡时间”的时候，他准确地在病人的大脑停止工作持续30分钟之后宣布——这个人已经不再是人了。从后往前推，那么，布罗迪认为，当一个有机体拥有人类的DNA，并具有这种生命活力的时候，他就变成了道德层面的人。

即使我们同意了布罗迪所设立的一些基本指标（如脑部活动），但是许多相关问题还是会出现。三个通常的情况是：第一，“潜在人格”的观念——胚胎很可能长成一个完全的道德层面的人，而且先赋予胚胎所谓的权利。第二，堕胎行为造成了一种“文化意义上的死亡”，正如圣若望·保禄二世（John Paul Ⅱ）[①] 所创造的，这一点经常和英国作家麦克姆·马格里奇（Malcolm Muggeridge）所总结的“生命的神圣”伦理相契合：“人生在各种情况下都是神圣的，或者从本质上讲毫无价值；二者必居其一：在一些情况下是前者，而在另一些情况下是后者。”第三，围绕一个统摄一切的担忧就是，在何种程度上哲学家和政府应当干涉女性自由。

无论如何，建议她不去做那些她视为不道德的行为，同时

---

① 圣若望·保禄二世是罗马天主教第264任教宗，梵蒂冈国家元首。——译者注

却允许其他人做那些不道德的行为，这看上去更像是幼儿园操场上的活动，而不像成年人在广场上的讨论，那里至少还有一些人对清醒的思想感兴趣。澳大利亚人应该自由地继续吃他们的臭豆腐酱三明治，如果他们选择这样做——不要评论（尽管你也许会恶心）。但是如果他们开始说谎或者欺骗，我们应该摇晃手指并且稍稍地批评他们了。

如果我们不应该吃肉，那么为什么动物长肉？

你是肉做的，我们能吃了你吗？这听上去有点儿像《圣经·创世记》的疏忽，因为上帝创造了我们的时候说："所有活着的、会动的东西都应该成为你的食物。"幸亏亚当和夏娃当时没有认真听上帝的话，因为万一他们之中的一个人将上帝的话付诸行动，我们也许就不会在今天出现了。那么，我们如何决定哪些物种是我们的食物，哪些物种是我们的试验品（不仅仅是为了治疗疾病，还为了试验某种会腐蚀我们皮肤的化妆品），而哪些物种仅仅是我们的娱乐工具（斗牛、马戏团，等等）？普林斯顿大学哲学家彼得·辛格（Peter Singer）有了答案。

辛格以回顾（现在仍然存在）明显的非道德的性别歧视和

种族歧视为案例。性别歧视者和种族歧视者都建立在不相关的元素上。必须承认的是，一个人可以从男女两性之间找到数不清的区别——所以，一本写男人和女人来自不同星球的书成了畅销书——但是，没有一种区别赋予了其中一性超越另外一性的权利（例如，投票的权利或者生存的权利）。同样，种族也是如此，在奴隶时代，即使“每个人都在这样做”，而且奴隶们是占 3/5 多数的人，也没有一个合理的判断存在。同样，辛格认为，物种也是相同的情况。当许多物种都存在的时候，没有一个特定的关联给予不同物种不同的道德评价。如果这样做，就会让一个人成为物种歧视者（他为物种歧视者这个称呼道歉，尽管这个称呼已经成为一个涉及动物权利的基本概念）。

哲学家保罗·库潘（Paul Copan）很好地为辛格的聪明观点构建了一个具体的、精确的描述。他以贬低整个世俗道德系统的方式问道：“如果所有有机体都是在毫无价值的过程中产生出来的，那么为何我们要认为所有事物都有价值呢?”他以自己的修辞方式给出了答案：我们不能，所以道德必须来自神。但是，我们确实拥有权利，而且权利的确具有意义。我们以同样的方式拥有数字。假如一个人擦掉了数字 3，并不意味着数字 3 不存在了。这是因为上帝没有给数字 3 赋予意义，数字 3 完全是一个空壳。同理，当我们看到动物受到伤害的时候，我们的道德良知不会以“数字化”的方式出现。所以，你看这样行不行：你同意去掉数字，然后，我们会看到道德的消失。

库潘继续编撰了一张清单，列出了人类有但动物没有的品质，继而使得人类的生命具有重要的道德意义。他的清单中包括了自我意识、超越环境并改变环境的能力、能够理解死亡、能够创造文化、能够通过语言传递有意义的信息，以及数不清的其他方面的能力。但是，正如辛格指出的，人类的婴儿、智力严重受损者、老年人都不能做到以上几点。另外，一些动物在某些方面比人类做得更好，比如大猩猩可以在镜子中认出自己（或者，至少可以利用镜子清理牙齿，我们不得不说大多数婴儿尚不能做到这些）。正如辛格所写，“依据一个如智力或理性的‘特性’来标注道德与不道德界限，将会是相当随意的。为什么不选择一些其他的‘特性’呢？比如肤色。”

转而向世界上多种多样的宗教寻求指导也无法得到帮助，因为它们都多少提供了一些矛盾的（并且经常是十分奇怪的）规则。在印度教中，牛被看作神圣而不可亵渎的，这就形成了在马路上人们允许牛在交通要道闲庭信步的奇特景观。犹太教禁止吃“不洁的”食物、非“洁食动物”（反刍以及偶蹄动物）的肉，因此犹太教教徒的餐桌上排除了一大批如虾蟹、食用蜗牛、秃鹫、蝙蝠以及袋獾这类动物。而且从《圣经》来看，我们学到了甚至你的牛也需要在安息日休息（包括你的屁股和家政男仆）。而且一大批罪恶的小镇居民可以将他们的罪转到一只山羊身上，并把这只山羊放在荒野中任其被吃掉，这样他们的罪恶也会一起被吃掉。如果某人逮住了你的山羊，正如他们所说，希望这个人不会成为你的替罪羊而为你所犯下的罪行背黑锅。

最后，库潘总结道，我们必须“否认动物拥有权利”。他建议，我们仍然可以从动物身上获得它们所提供的娱乐。他提醒我们，“受过训练会跳舞的熊能够做出滑稽的姿势（狂欢的舞步）。”听上去，这对熊来说是可怕的——被关在笼子里、被鞭打、被迫做出金鸡独立的动作、用脸顶球。这种所谓的对动物的好，就像用子弹射击小丑的脚，让其“跳舞”一样。乖熊，乖奴隶。卡尔·科恩（Carl Cohen）提供了一个更加具有逻辑性的推论，和“数字与道德”的讨论类似。因为道德是人类创造出来的产物，他认为，道德只适用于人类。这就解释了为何我们不会因为狮子杀死并吃掉了一只小斑马而责备这只狮子，但是，如果一个人这样做了，我们当然会惩罚这个人。因为动物不玩“道德游戏”，它们便不必被规则所束缚，也不用从道德中获益。

辛格认为，存在一种品质，这种品质驱使我们给性别、种族和物种赋予道德关注：容忍的能力。这种道德事实驱使我们的直觉，让我们区分为什么踢一块石头是被允许的，但是踢一只老鼠就是不道德的，为什么受过教育的学龄儿童用放大镜烧死蚂蚁是错误的，而西班牙斗牛运动却是被允许的——在斗牛运动中，斗牛士首先折磨公牛，让公牛跑到筋疲力尽，然后一个人骑着马把带有倒刺的矛插在牛背上，使得牛血如泉涌，然后由一个“勇敢”的斗牛士杀死已经神志不清的牛。

最后，为了试图证明我们拥有超越动物的权利，我们听说我们是依照上帝的形象被造就的。那么，下面这张车贴标语则一针见血地反驳道：

如果人类是上帝的想象物，那么为什么我们不是无形的？

如果人类是上帝的想象物，那么为什么我们不是无形的？

在我们解决这个难题并且克服辛格的挑战之前——因为谁会想成为一个物种主义者呢？——至少，我们应该将在动物身上试验化妆品，折磨动物以及“动物类娱乐”活动搁置一会儿，而且记住我们所有人也是肉长的。

语言：一张车贴标语胜过千言万语

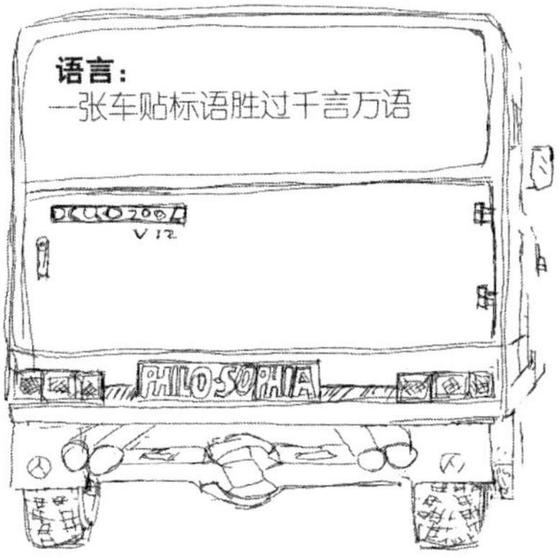

如果一个男人在森林里说话，并且身边没有女人，那么他的话还是错的吗？

不一定。但是他可能仍是错的。而且当我们缓慢地改变刻板印象时，他大概已经放弃了，因为他在森林里迷了路并且不愿意问方向，就好比他忙着听棒球赛广播而对周遭不闻不问。

这个问题的本质背后，有着更深层的洞见……路德维希·维特根斯坦指出，任何形式的私人语言都会使语言失去意义。说话者没有一个标准来判断语言正确与否。想象一下，某人在一座孤岛上长大并且会思考："Inaspofi sl sl Zepong?"你是怎样想到问这样一个问题的？你如何知道自己是否正确地回答了这个问题？但是当一名出事船只的幸存者靠岸登陆到这座孤岛上，你可以指着“这个”并且说“Zepong”，然后又指着“那个”说“Zepong”，然后你的新伙伴纠正你，指着“这个”强调“Zepong”。以上情况存在一个假设，即你们两个人都知道如何遵循“手指指向索引”的方式，而且这个方式并非为狗或者全世界的人类所掌握。必有被遵循的规则，正如语言所用的规则，这要求一个社区来共同建设规则——一只狗不会遵循规则“当你听到敲打声的时候就叫唤”。所以，正如维特根斯坦清晰地总结道：“一个词在使用中获得它的意义。”给予无意义的对话以意义，需要公共测试和平衡对话的魔力——一个人不会永远独自一人在森林里游荡，这是事实。起作用的是移情和背景。

因此，在一种明显的情境下，话语的对错依赖于森林里的男人所说的话。如果他喃喃自语“2 加 2 等于 4”，那么他是对的，基于他所隶属的、由语言使用者所组成的意见一致的社区。假如他在森林里说“Usaf，pao poiu”，那么他的话既不算错，也不算对。而且如果他所说的那句性别歧视的警告“女人总是能在男人身上挑出错来”是错的，那么也是因为他选择了错误的伴侣。

维特根斯坦让我们想象一下，在我们现有的社区中，每个人都有一个属于自己的小盒子。小盒子里装的是什么只有每个人自己知道——每个人自己的 Zepong。鉴于你永远不能看到另外一个人盒子里的东西，而且没有人看到你的，你可以拥有完全不同的，或者完全相同的，或者总是在变化的东西，抑或什么东西都没有。所以，当我们在公共话语的环境中，将 Zepong 作为“盒子里的东西”的时候，“Zepong”无法指称任何事物，因此不具备任何真实的意义。维特根斯坦认为，感知也是如此。当一个人说：“这就是我昨天有过的感觉。”这里不存在一个判断其对错的标准。正如一个私人的定义，它是没有意义的。

如果某种感觉重复出现，一个人是如何记住这种感觉的？人们在精确地回忆他们见到、听到、触碰到物理实体时会遇到困难。这种讨论催生了维特根斯坦理论的又一优势，在思想的战场上，这一优势支持了维特根斯坦的结论，即我们可以通过行为抽离意义。我们可以通过一个人相同的外在表现，知道他遭遇了同样的痛楚：“看，他和上次用手摸火时的反应是一样的。”

当我们的主角最终找到了走出森林的路，并且回到家里，作为一个善于思考的人，他说："亲爱的，回到森林里真是一个错误。"她能够回答："我十分怀疑你的说法。"

单独回到森林里，这次没有男人。

基于这个标题提供的历史背景，应该以回顾那句简要的古老问题为线索，"如果一棵树在森林里倒下并且没有人在现场听到它落下去的声音，那么它的下落是否真的产生了声音?"答案——依照维特根斯坦的说法——依赖于你所谓的"声音"为何。如果"声音"指的是"某物造成气流波动"，那么是的，树木落下的确会发出声音。这就好比喷气发动机或者在夜总会里喋喋不休的人，树木也会造成气流的波动——假设它不是处在一个真空的环境里。但是，如果"声音"意味的是通常意义上的"气流波动传进了某人的耳朵里"，那么否：没有人在场，就没有耳朵，也就没有声音。

这些洞见指引我们来到了三个著名的哲学家面前。首先，也许是最极端的乔治·贝克莱（George Berkeley），他是如此极端，以至于表示，如果没有人感知它们，即使是物理实体也不会存在，他将其总结为"存在就是被感知"。所以，如果没有一双全能的眼睛俯视这棵树，不仅仅是这棵树没有弄出声响，而且它还不存在（爆料一下，贝克莱是一名主教）。约翰·洛克（John Locke）以更加广为接受的方式，区分了一个对象的两种属性：对象的固有属性（如材质和形状）以及认知属性（如颜色和声音）。后者不是对象的真正属性，而是基于感受者的属性：为什么当一个感受者感受某物的时候，体会到的不是这个物体的属性，而是感受者的属性呢？如果吉尔觉得这个苹果是甜的，但是杰克觉得这个苹果是酸的，那么甜或酸都不是苹果的属性——当我们说“这个苹果是酸的”的时候，好像说的是苹果的属性，但洛克认为，这其实是我们自己的属性。所以，声音不在树上、地上或者声音里，而是在我们的耳朵里。对于这个逻辑性的结论，德国哲学家康德（Kant）争论道：“我们无法真正地认知，在最深层的感知中，任何对象本身都只是我们的观察对象。”

维特根斯坦告诫我们，我们经常被语言“迷惑”，树这个例子就是一个很好的例子。想一想倒下去的树，是自己发出的声音，还是它周围发出的声音，这就已经足够让人迷惑的了。而且，我们现在对于创造公共对话有了更大的动力：为了破译对和错，也为了真正弄出一些声响，这都要感谢维特根斯坦。

蛋头人是被推下去的。[1]

为什么将这张车贴标语作为争论的焦点？我们把这个问题留给心理学家去解决。尽管紧随而来的是，研究杰克和吉尔是否有意义，即杰克是不是被吉尔推倒的[2]。因为杰克戴着一顶王冠，一些莎士比亚式的捣蛋鬼出于嫉妒之心，把他们两个人都推倒了，否则为何吉尔在杰克摔倒之后也摔倒了？尽管我们要承认，“杰克是被推到的”看上去不是一条吸引人的车贴标语。

“蛋头人”背后更深层的理论涉及的范围非常广，从暗指驼背国王理查德三世在战争中从他所骑乘的马背上摔下来，到形容设计失败的英国高塔坍塌成一片废墟，再到形容一个人喝多了热白兰地和啤酒之后，走路摇摇晃晃的样子。这张车贴标语涉及了小说、传说和诗歌，真是“怎么着都行”。当一个高

---

① 蛋头人是《鹅妈妈童谣》(*Mother Goose*) 中的人物。——译者注

② 杰克和吉尔出现在英语童谣和故事中，这是法国大革命时期的歌谣，杰克和吉尔暗指路易十六国王和他的王后玛丽，他们都是被砍头的。但是后来，歌谣传来传去，不再有原来的意思，更像是儿歌。——译者注

中生读到这类故事的时候，很容易被激发想象而跳脱文本："等等，当一个角色穿着红色毛衣吃着苹果的时候，是因为知识而生气，但是一会儿之后，她穿着蓝色毛衣吃橘子，是因为她为逝去的青春而悲伤？"

依照后现代主义，这更像是一个没有理论的理论。假设没有客观的事实存在，所以我们自己创造了所谓的事实，而并非发现事实。很难列举所有这些烦人的作家想要分享的主意和他们发现的人类本质，以及这些认为他们真的治好了疾病、制造了飞机并发现了化石的科学家们。

在《走到镜子里》（*Through the Looking Glass*）[①] 一书中，数学家兼逻辑学家刘易斯·卡罗尔（Lewis Carroll）利用蛋头人的故事讲述了一个仅仅能被分类为科幻幻想的远房亲戚的故事：

> "当我用一个词的时候，"蛋头人用一种十分傲慢的语气说道："这个词的意思就是我决定的那个意思——一点

---

① 《走到镜子里》是《爱丽丝漫游仙境》（*Alice Adventures in Wonderland*）的姊妹篇。本书讲述了爱丽丝漫游镜中世界的种种遭遇。故事的主线是一盘已在下的国际象棋，主人公和他的两只小猫都成为棋子，在棋盘般的麦田里漫游，和其他棋子们发生各种各样的故事。爱丽丝最终克服种种磨难，成为王后。在这个想象的空间里，不仅时间颠倒，而且空间错位，令人产生无限的遐想。——译者注

儿也不多，一点儿也不少。”

“问题是，”爱丽丝说：“你能否让一个词代表不同的意思呢？”

“问题是，”蛋头人回答道：“谁是它的主人——就这一个问题。”①

显然，我们不能随心所欲地用词去表达我们想表达的事物，否则词就会变得毫无意义。当蛋头人偶然地用“荣耀”一词去表达“一个强有力的辩护”的时候，我们意识到有些事已经偏离了轨道。一些神学家利用了同样的语义学手段，利用邪恶的存在（大屠杀和夺命海啸）来论证全知全能的上帝的存在，而且认为这些邪恶事物也是慈爱的上帝的计划。但是，如果他们所谓的“爱”包括屠杀 5.8 万名无辜的人，那么我们也许可以说，上帝也是个蛋头人。

通过禅可以体会到在这种情况下语言所遇到的问题，尽管反应有些极端。禅的体会可以很好地总结为谚语“天道如禅，一说就错”。因为语言是如此不精确，仅仅试图形容“宇宙中涵盖一切

① 《走到镜子里》的第六章，爱丽丝遇到蛋头人。她和他有一段关于“语言含义”的对话。蛋头人的观点很独特：一个词汇的意思不是由大家在交流中约定俗成的，而是靠掌握权力的“主人”来决定的——主人想让它是啥意思就是啥意思。蛋头人对“极权主义语义学”有重大贡献。——译者注

的唯一真理”的时候就出错了。对于希望学习禅学的人来说，第一谜题便是何为禅学的定义，那些给禅学下定义的人恰恰不知道禅学为何。而且雇用大学里的团队来研究东方神秘主义同样是一个挑战，正如老子提醒我们的：“知者不言，言者不知。”

可能需要回答的问题是，在蛋头人的故事中，到底谁是主人，是人还是语言？理查德·道金斯认为，“语言是我们的仆人，而不是我们的主人。”这也许是在禅的绝对自由主义和蛋头人的后现代主义之间取得平衡的合理说法。

蛋头人没有白白牺牲。起码，他是所有作家、诗人和艺术家的殉道者，当作家等人描写它的时候，它的确代表了某些含义。

帮助消灭车贴标语！

这不是车贴。

好吧……是的，这是一张车贴。有了这样的方式，我们可以把握事情的关键。

我们再一次回到维特根斯坦，去深入观察他强调的在通常情况下他所运用的语言游戏的概念。他认为，词语在社区的使用过程中获得意义，但是它们都具有一些相同的成分。和朋友一起做如下实验。列出所有游戏具备的共同点，从而将游戏区别于其他活动。这往往是徒劳的，因为最终我们会发现，不是游戏的活动也包括考试、开车等类似的生活中的“游戏”。因此，维特根斯坦好像证明了在这种他所想象的、追求语言的真相的过程中，我们就像被关在玻璃瓶子里的苍蝇，不断地向瓶底飞去，希望飞出瓶子重获自由。

为了给苍蝇“指出一条飞出瓶子的路”，同样的小组可以继续进行试验，即分辨出下列哪些情况是游戏：斗牛、交谊舞、俄罗斯轮盘、拳击、飞盘、战争。总会有一部分人取得共识，因此维特根斯坦不完全正确。如果语言通过社区中的语言使用者的共识而获得意义，那么一个小的团体应该能够在一些事情上达成共识，例如，简单的词“游戏”。

维特根斯坦在他的《哲学研究》（*Philosophical Investigations*）中，俏皮地说：“哲学就是我们利用语言来对抗思维的模糊性。”所以，也许下述规则是简单的：如果它的功能像车贴，它的使用方法像车贴，而且它看上去也像车贴，那么它就是一张车贴。问题是，如果你把它贴到墙上，它是否会变为一张墙贴？

所有极端主义分子都应该被枪毙!

这就有些极端了，难道不是吗？（不能否认。）希望因为这个人的关系，他们能够转向一种好的“枪下留人”的车贴环境。但是，他们恰恰指出了一点，即写有“不要太极端”字眼的车贴标语，或者“极端：不好。平庸：好”这样的字眼，也不能把这一点讲透；如果不能足够极端，亦不能吸引我们飘忽不定的注意力。

所有概括的话都是假的，包括这一句。

以某种情况来说，这是真的。但是一旦它是真的，它立刻变成假的。这很像历史上著名的矛盾句：“这句话是假的。”如果它是真的，那么它立刻变成假的。如果它是假的，那么它又立刻变成真的了。

由于无法概括它自己，所以这张车贴标语肯定是失败的。例如，尽管我们说男人比女人强壮，但是某些女人的确比某些男人要强壮。因此，它们仅仅是接近概括。涉及否定其语义的概括是绝对正确的。（是的，包括这句话。）这就是在运用概括的时候所遇到的问题。涉及肯定其语义的概括则是正确的，而且概括地来说是可用的。

撇开语义不讲，上述情况亦源于深入研究“自我对抗”的令人生厌的相对主义本质，即所有的真理都是相对的，因此不存在绝对正确的陈述。结果是，这种相对主义从一开始就自我否定。因为它是一个陈述，所以在它用自己陈述自己的时候，就不可能是绝对正确的。而且，它也会造成没有人永远是错误的结论，这就造成了在其他问题，例如，否认了教育的必要性。

适中仅仅是适中。

也就是说，有些时候你应该冲出界限做到极致，生活在极端的世界中，完全放手去做而且不怕失去。当然，要自我节制。亚里士多德写道：“从生活中站起来，总比从宴会上站起来要好，从宴会上起身，不是吃得口渴了，就是喝醉了。”为了把生活引入好的轨道，他在《论中庸之道》（*The Doctrine of the Mean*）中有如下论述：“我们在生活中应该在两种极端中间寻求平衡，这样就不会喝太多而摇摇晃晃地回家，也不会喝太少而败兴。享受吧，至少解解渴。”

记住自己是唯一的，就像其他任何人一样。

“嘿，等一下。如果我像其他人一样，那么怎么能说我是唯一的，这不是跟‘唯一的’相反吗？和其他人一样，只会让我变得平常。谢谢，别奉承我，也别告诉我‘我是超越一般的’。超越（extra）一般（ordinary），是的。更像是超（super）一般（ordinary）。历史上最一般的人。现在倒是成了唯一的了。”

有些问题没有答案。

例如？

法律顾问说：“这条车贴没有提供任何信息。”

在上面车贴标语的视角下——尽管是一张空白的车贴标语，也许能更简短地表达信息，但是也更加模糊。这条信息在某种程度上类似于“不评论”，而“不评论”往往用于回答潜在的控告式的问题，潜在的控告式的问题本身也是一种评论——如果你没有偷钱，为什么不回答“不是我偷的”，而是回答“不评论”呢？

而且在这类自我反否定车贴标语中，为什么没有一张引用萧伯纳（George Benard Shaw）的“不要接纳任何人的建议”的建议，我们不得而知。他们应该接受建议。

“忽视这张车贴标语”的车贴标语在哪里？

如果一匹马和一辆车轧过一只鸡和一枚鸡蛋，会发生什么呢？

我可谓是迫不及待地回应这句有些拙劣的话，根本的目的是因为，它允许我自吹自擂地来解决那个臭名昭著的“先有鸡还是先有蛋”的奇怪而恼人的问题。实际上，我惊讶于有这么多人被这个问题长时间地困扰着，尽管如此，令我感到惊讶的是，我们试图找到为什么上述肇事者穿过马路的答案。

本末倒置，首先解决这个问题，先有鸡。实际上，解决问题的方法很简单，尽管它假设了你接受进化论的事实。如果你不接受进化论，那么你可以参考自己最喜欢的创世神话——如《圣经·创世记》，在《圣经·创世记》中答案仍然是“先有鸡”，尽管其根据是，上帝在造物的第四天说“要鸟儿在空中飞”而非“要有蛋”。历史上相关传说多种多样，多到你也许想把这一切都放在一个篮子里，孤注一掷——全部。而且，如果一个造物主是全能的，他为何不直接创造出一只鸡，而是要先费力孵一枚蛋？

回到现实。通过定义，我们知道一个物种的成员只能下该物种的蛋。这好比儒家所讲的“螃蟹的女儿不生鸟”。因此，不是鸡的物种在很长一段时间内不会下鸡蛋。一枚鸡蛋是由第一只鸡突变后产下的。而且，那只鸡随后就下了第一枚鸡蛋。先有鸡，后有蛋。

你可能看到了，这种解决方案中所涉及的定义渗透到了许多形而上的主要问题中，尽管钻研这个问题完全是另外一码事。尽管如此，它和亚里士多德的逻辑所论述的话产生了共鸣：“不可能有不是被鸡下出来的蛋，或者第一枚蛋是由第一只鸡所生；但是，鸡又是由蛋孵出来的。（鸡生蛋或者蛋生鸡，二者必然同时存在。）”

追溯鸡生蛋还是蛋生鸡问题的根源，显然比“车拉马”（本末倒置）的问题要古老。鸡与蛋的问题，最初出现在罗伯特·惠廷顿（Robert Whittington）于 1527 年出版的《低俗喜剧》（*Vulgaria*）中。而且，这个问题要简单些——先有马、再有马车，或者至少应该是这样。尽管提取这张车贴标语的深层思想，要求将车放在马的前面，正如我们所假设的那样，是鸡先穿过马路。

政治和社会：追求幸福是你的权利

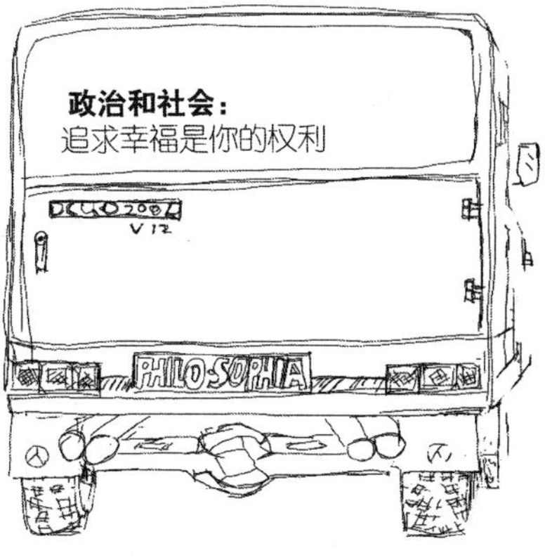

想象一下世界和平!

很难发生误解。这张车贴标语没有要求我们做什么事，只是想象一下。就好比白日做梦。除了一些个别的（自发组织的）治安团体成员，谁不希望世界和平呢？约翰·列侬的歌词里唱道：“想象所有的人们，他们生活在和平之中。”这种愿望中的场景是如此吸引我们，以至于它激励着我们去实现“世界人民是一家人”的理想。尽管它仍然要求我们想象一个没有宗教信仰（并且因此没有天堂）、没有国家，而且“没有为之杀害他人或被他人杀害”的理由。我们使得运动偏离了理想形态，驶向现有形态——并非我们所期望的形态，而是现实的形态。

理想中，我们在自然中的角色是让·雅克·卢梭所谓的“高尚的野蛮人”。“高尚的”指友善而美好；“野蛮人”指没有正式的政府组织的人类。卢梭的意思是，在人类信任并依赖“社会”建构之前，人类和平地生活在高尚的方式中。正如卢梭所写到的，“任何事物在离开上帝之手的时候都是好的；任何事物在离开人类之手的时候都退化了。”

当我们拍着我们自己（以及我们的祖先）的肩膀，为这种优异表现而欣慰时，许多人类学家表示，这种观点恰恰是错误的（警告：前方是现实）。哈佛心理学家史蒂文·平克指出，伴随着正规社会制度的改善，我们实际上已经变得更加高尚、更少使用暴力了。证据显示，前文明阶段的社会显然更加暴力并缺乏对人类生活的关心。如果按照部落时代的战争死亡率，那么在 20 世纪所有的战争中死亡人数总和将达到 20 亿，而不是仅为 1 亿。另外，他提醒我们，直到近代，我们很少（如果曾经）表现出各种各样的卑鄙的行径，如“以折磨为娱乐、活人祭……将折磨和断肢当作常用的惩罚手段”，等等。

所以，如果我们并非天生就是善的，那么依照我们非黑即白的原则推理，我们必然是恶的，甚至是邪恶的。阻碍我们向善的首要障碍是贪婪——即罗马诗人奥维德（Ovid）所说的“被诅咒的希望得到更多的欲望”，它不可避免地造成了冲突甚至战争。这场辩论中的“达斯·维德”、17世纪的哲学家托马斯·霍布斯，扮演了维护议会而反对“天行者”卢克的角色。他的著名辩护是，假如没有正规的社会组织的制约，而且每个人的权利都平等，必然地，当两个人想要得到同样的东西时，就不可避免地会导致冲突。所以，在我们的自然状态下，生活将变得“孤独、贫困、脏乱、野蛮并且短暂”。基本上，如果两个人想要同样的东西，并且没有法律来阻止他们，其中一人会很快对另一人发动“战争”。永无宁日。

尽管这让人丧气，但是令人振奋的是，在现实的刺激下我们创造了一个世界的角度，这个角度关照着我们自己，它是如此诚实。这是一个广阔的、俯视着68亿人的角度。通过这个有利的角度，我们可以真正地做一个见闻广博的决定，使我们继续和平共处。

以上这一切也许解释了下面这张这贴标语，它拙劣地模仿了我们上面那张浪漫的车贴标语的智慧：

想象一下旋转的豌豆。

尽管同样困难，至少它不是那种直接面对人性的话题，而且还对我们人类的身体健康有好处。另外，想象一下“人类住在豆子里”还是挺有趣的。

努力工作：千万人的福利就靠你了！

因为大部分价值超过 4 万美元的车都不会贴车贴，所以，很难想象是谁在夸耀这张车贴标语的智慧。高端车不再安装碰碰车式的保险杠，而是将闪亮的车架向下延伸一点，好像有了汽车保险杠，就承认了会撞在什么东西上似的。没有保险杠的车就声明了自己不会撞上东西——“不是我。我自己赚钱买了这部车。我不会把它撞到什么东西上面。”

为了揭示这张车贴标语的智慧，想象一下，假如美国是一个仅有 100 人的村庄，那么什么样的人可能成为该车车主呢？在这个你所生活的村庄里，有 14 人是文盲，27 人接受过大学教育；有 5 人的收入占据全村总收入的 1/3，6 人的收入只占据全村收入的 0.3%；40 人相信《圣经》里所描述的世界末日的善恶审判；7 人拥有小甜甜布兰妮的专辑。

在这种经济分配制度下，你在所居住的小村庄里拥有两种身份。其一，明显地对立于车贴标语的主人，即接受富人救济的穷人身份。恰当的术语是“分配公平”，这就类似于罗宾汉们“劫富济贫”的方式。但是，如果分配方式是有恰当理由的，那么就不算“劫”，对吧？所以，持这种观点的代表人物——哲学家约翰·罗尔斯（John Rawls）如是说。他让我们想象一下，我们的村庄是带着理论的眼罩的——“无知的面纱”（Veil of Ignorance）可以防止我们从自己的财富和自然能力的角度去考量自己在村庄中的地位。他认为，我们有理由为了穷人的福祉而竭尽全力——这就类似于当你的妈妈让你负责切蛋糕，并且你是最后一个分得蛋糕的人，你会尽量公平地把蛋糕切成一块儿一块儿的。在这种情形中，如果你在村庄中自然地继承了父母的遗产，你就不会是那种生来就缺钱的、非富二代的另一种极端——靠罗宾汉救济的人。

哈佛大学哲学家罗伯特·诺齐克（Robert Nozick）持有不同观点。他反对罗尔斯。他提出的“无政府主义”和法语名言“不干涉主义”很接近，逐字解释即“放任自由”。在这个例子中，你所在村庄里的所有人都绝对自由，他们能够自由地根据自己的需求来交换物品，不用政府“偷走”他们的时间和金钱去补贴其他人。诺齐克将重税和“强迫劳动”等同起来，比如一些村民不得不工作来服务其他人——这是一种变相的奴隶主义，尽管穷人们坐下来喝着柠檬水，同时富人们驾着自己的喷气式飞机在空中劳作。

最终问题都要归于“何为公平”，想象一下，来自两个村庄的两个居民乘坐一架飞机，一个身高两米，另一个身高一米五。当他们坐下去的时候，较高的那个人说："这不公平。我们都付了相同的钱，但是你的腿却有更多的空间。"个子矮的那个人耸耸肩，说："你是不是应该把腿砍掉一段儿来使你的身体适应空间啊？""你说的办法是胡扯。""我就是这种观点，怎么着。"在某种情况下，调节飞机内的座位来改变空间分配是可行的——甚至是对于那些生来就无法控制自己生活的人来说——所以，他们也许至少可以享受生活的基本自由，而不是去侵犯那些生来就坐在头等舱里的人的生活。

自然权利

一个广告活动被很好地利用了。如果你在路上花费一些时间，你会看到这种车贴标语，但不知道自己应该做些什么。"我？我能为伊拉克做些什么？"大部分人不知道伊拉克在哪里。根据 2006 年的洛普民意调查，60％的美国人不能在地图上找到伊拉克，虽然美国在伊拉克的战争已经结束——尽管得有一半受测试的人也无法找到密西西比河。

从纯粹哲学的角度来看一下人权这个概念。我们都听说过这个词，却从未深思它。美国公民不但有生存权利，还有自由的权利和获得快乐的权利，正如《独立宣言》（*The Declaration of Independence*）中所说的那样。对于那些不幸需要生存在他国保护伞之下的人，美国为他们提供了一张囊括了 30 项权利的清单。这些权利在哪里？是谁给了我们这些权利？这些给了我们权利的人是什么肤色的？我们能将这些权利转换成现金或信用吗？

权利是一个抽象的概念，很久以前大部分人就认识到了权利的存在，但是有时候权利会蒙蔽我们的双眼。权利的起源之一，由约翰·洛克和伊曼努尔·康德提出，他们认为权利源于自然：我们拥有自然的权利，如“生命、自由和财富”。自然权利是实实在在的自然秩序的一部分，不受任何政府影响。康德据此找到了原因。洛克从另一个角度出发，认为权利是上帝赋予人类的。《独立宣言》显示了洛克在这方面的影响，他说：“我们掌握的这些事实是不证自明的，即所有人类生而平等，人类被造物主创造出来的时候，就被赋予了明确的不可转让的权利。”不幸的是，有些权利并非“不证自明”——一些人说：“我就是侵犯你的权利了，咋地？”

功利主义的创立者杰里米·边沁（Jeremy Bentham）批判自然权利主义不但是“胡言乱语”，而且是“踩在高跷上胡言乱语”。他认为，我们与其讨论一些模糊的形而上的权利，不如真正地拥有法律权利——那些由我们所生活的被惯例化的社会所赋予我们的实实在在的权利。这种观点来自他的功利主义的道德理论，很适合那句警世格言：“绝大多数人最大的幸福，乃是道德和立法的根基。”没有自然权利，只有让尽可能多的人在尽可能长的时间里获得尽可能多的快乐。这类似于麦当劳的广告语“我们喜欢看到你的笑脸”的理论（如果你吃多了麦当劳而过度肥胖的话，可能就笑不出来了）。

爱、同情、平等的尊严，以及基于这些美德的行动，难道这不是我们都同意的吗？

最严重的社会暴力是无知。

我不确定这两个人之中，哪一方表达得更好，或者二者的说法都曾经被相似的句子引用了：希特勒和柏拉图。希特勒的说法比较恐怖：“谢天谢地，那些掌权的人真幸运，因为他们的人民不知道如何思考。”柏拉图通过一艘船的寓言预测了这一点（从某种程度上讲）。船长就好比国家的标尺，必须精通各种领域的知识，从法律到物理、从天文到经济、从地理到工程。如果船员、乘客等所有船上的人，都能够对船长的决定施加影响，那么就会造成混乱，用柏拉图的话说就是导致最后的叛变。所以，柏拉图自然而然地提出精通哲学的国王的君主制度应该代替共和国的条款，二者的本质都是好的。

尽管美国采用民主制度，但是，人民投票选举和被选举出来的“船长”都表现出了无知的行为，这是很危险的，甚至会导致暴力，特别是当他们共同决定的议题包括经济（如税务）、生物（如干细胞研究、全球气候变暖）、历史（如对外政治）、社会学、心理学、天文学、法律以及其他时。如果用来决定船的走向的建议是在心不在焉的情况下制定的，那么船将会漫无目的地横冲直撞——我给读者留下了很大的想象空间来思考，以柏拉图的船的比喻来预测船最后的命运是什么。

不幸的是，现在美国这艘船上的船员貌似不称职，因而无法给予船长有效的建议，因为他们表现出来的是对船知之甚少，正如下面的未被曝光的证据所显示的那样：

1996 年只有 33％的人能够叫出国会议员的名字，6％的人知道谁是首席法官，而且只有 1/5 的人知道有 100 个参议员，并且参议员每 6 年换届。只有 54％的高中毕业生知道哪个党控制着众议院（相比较之下，1947 年有 77％的人知道）。而且在 2000 年，只有 6％的人能够叫出众议院发言人的名字，相比较之下却有 66％的人能够叫出电视节目《谁想成为百万富翁》的主持人的名字。接着，2004 年进行的一次全民调查显示公众支持修改宪法，使宪法只允许异性之间的婚姻。但是，在小型民调中他们也同意“定义婚姻还没有重要到值得修改宪法的地步”。显然，美国选民的意愿是矛盾的：既想修改宪法，又不想修改宪法。也许这更多地体现了选举制度的缺陷和选民素质的问题，而并非体现出选民在婚姻问题上的真正观点，正如另一则充满诡计的投票活动所显示的那样，40％的美国人对“1975 年的公共事件活动”抱有意见——但事实上，根本不存在所谓的“1975 年的公共事件活动”。

关于自然环境，美国人也知之甚少。1/5 的成人认为太阳绕着地球转，仅有 49％的人知道地球绕太阳公转一周的时间是一年。只有 22％的人能够正确地定义分子，48％的人知道电子比原子小。甚至在 2004 年大选之前，当干细胞事件站在政治界的风口浪尖，超过 1/3 的被调查者（成年人）从未听说过干细胞。并且只有 48％的美国人知道最早的人类和恐龙不是同一个时代的生物，55％的人不知道 DNA——人类最基本的组成单位——为何物。

虽然知道电子和分子内其他部分之间的相互作用与日常生活没有联系，但至少简单地了解一下科学是什么、科学是如何工作的以及科学能带来怎样的知识，能够帮助社会做出广闻博识的选择。然后，类似于“如果进化论是真的，为何我们在大街上看不到半人半猴”这种无厘头的问题，就会被直接碾轧。但是令人恐惧的是，对于许多人来说，这种修辞上的玩笑竟然被当作对抗科学观念的武器。

无知也造成了对我们自己的直接伤害。这种无知给那些社会名人以及科学和医药学的门外汉提供了一个干涉社会事务的平台。治疗普通感冒的伪科学魔法药剂——空降牌维生素C片在2000年大肆流行，却并未经过任何医疗机构的科学测试。实际上，这种嗞嗞作响的小药片会让感冒更加严重，因为它的维生素C含量是每日人体所需上限的10倍，而且它还含有其他成分——所以，当你的身体已经准备好和感冒病毒抗争的时候，你的身体还需要腾出更多的能量去消化多余的维生素C。我们的身体自身就可以战胜感冒。但是，有些人依赖于毫无根据的推断：“我吃了空降牌维生素C片，然后我没有得感冒，所以这药起作用了！”“我吃了空降牌维生素C片，然后我的感冒好了，所以这药起作用了！”但是，大多数时间你是健康的，而且当你生病的时候，感冒症状平均需要6～7天才能消失。所以空降牌维生素C片的服用者感到是药在起作用，但是，在一次标的为2 300万美元的诉讼中，空降牌维生素C片却败诉了。

珍妮·麦卡锡（Jenny McCarthy）同样在科学领域秀了一把。她最广为人知的身份是《花花公子》杂志的裸模，同时也是电视节目《拒绝单身》的毫无价值可言的主持人，她将自闭症和疫苗对立起来。她引导公众相信，儿童疫苗，如麻疹、腮腺炎和风疹疫苗会直接增加自闭症的罹患率。她的论断不但没有经过大量的科学与法律测验，而且她以及其他人指控的这些化合物，自 1999 年起被移出了疫苗的范畴，但是自闭症的罹患率没有降低。相反，我们可以推断，因为她阻碍了疫苗的推广而导致了成千上万的儿童死于疫苗可以预防的疾病。《花花公子》模特可以了解科学——好比一些科学家可以在色情产业中获得成功——但是恰恰不幸的是，他们比那些通过合法渠道传播信息的人赢得了更多的关注。

科学主义宗教或团体也加入了关于自闭症的讨论，认为自闭症——和其他神经类疾病一样——是虚构出来的。也就是说，对于所有遭受着抑郁、自闭、精神分裂等症状折磨的人来说，显然这些病症只存在于患者的脑袋里（比喻地说）。依据科学主义的教条，7 500 万年前，来自宇宙的外星人展开了一场大屠杀，邪恶的外星人的精神武器至今仍发挥着作用。邪恶领主用喷气式飞行器，输送了成千上万的外星人来到地球，并且在火山口中屠杀了他们，但是，他们遗留下来的被污染的灵魂——因为非物质的灵魂是不会消失的——在今天被我们的身体继承下来，造成了所有当今人类心理上的忧虑。我们需要做的，仅仅是付钱给科学主义宗教人士，让他们帮助我们祛除遗留在身体里的外星灵魂。遗憾的是，有不少人相信了，而且这导致了无数的追随者自杀，尽管其中并不包括科学主义宗教的创始者 L. 罗恩·哈博特（L. Ron Hubbard），他本人在生命的最后时间里接受了精神病治疗。成千上万的、各种各样的受害于伪科学和超自然信仰的案例，在科学文明高度发达的现代社会发生了。的确，如果一个人轻视科学，那么他怎么能不相信可爱的、颇具人格魅力的信息传播者或者团体领袖呢？

在民主社会里，船员拥有选择谁来当船长的权利——但是，正如托马斯·杰斐逊（Thomas Jefferson）所警告的，“如果一个国家希望在一个文明社会里兼备自由和无知，那是永远不可能的。”而且，直接参与话题的马丁·路德·金（Martin Luther King，Jr.）坚持认为，“在这个世界上，没有比真诚的无知和认真的愚蠢更加危险的事情了。”无知是最暴力的元素吗？可以肯定的是，它无处不在。

提出反对意见恰恰是爱国的体现。

好吧，也许不是以为国家而战或者出任公务员的方式来爱国——但是一个持有不同意见的人怎么能比同意甚至是顺从来得更加爱国呢？写有“和平共处”的车贴标语是怎么说的——难道我们就不能好好地在一起吗？结果是有时候，我们可以和平共处，甚至“打得过于火热”了。

世界闻名的心理学家所罗门·阿施（Solomon Asch）进行了一次实验，旨在检测社会压力对个人造成的影响。被试者 7 人一组，其中有 6 人是阿施的实验助手，第 7 人是真正的被试者（对前面 6 个助手的身份毫不知情）。被试者的任务是，在面对一套卡片时，判断 A，B，C 三条线段中哪一条与标准线段 X 等长。6 名助手率先故意做出错误的选择，这足以让 1/3 的被试者盲从其他 6 个人的选择，选择了其他 6 个人所选择的错误选项。

“好吧，我们知道了，我们知道了。人类就像羊群一样。甚至像旅鼠一样。我们无法独立思考。社会压力甚至会改变我们看待事物的角度，或者造成我们得出错误的结论，而不是充当那个看上去很鲁莽的反对者。”但是，我们在这里想要讨论的，不仅仅是这些（虽然这已经很有趣了）。

阿施接下来进行了相似的研究，仅仅改变了其中一个小小的变量。他增加了一个人，这个人会在被试者回答之前表示反对那 6 名助手。而且即使这个新增加的人也选择了错误的选项，虽然不同于前面6名助手——他选择了A选项，前面6个人选择了B选项，但是正确的答案明显是C选项——这却使被试者选择正确答案的机会提高了3倍。结果表明，我们仅仅需要其他的傻瓜犯错，我们就可以更加自由地犯错，或者像在这个案例中一样，选择正确的选项。

这项实验，符合19世纪英国哲学家约翰·斯图尔特·穆勒为言论自由所做的辩护，让人们距离更好的民主更近了一步。穆勒认为，当真正的意见分享遭到镇压的时候，不但是对人类追求真理的潜能的剥夺，而且是对持反对意见者的抢劫。如果我们置一个潜在的意见不理，或许这个意见是正确的，在这种情况下，我们错过了变错为对的机会；或者这个意见是错误的，那么，我们不但错过了无数次说“我早就告诉你会这样了”的机会，更重要的是错过了“由错误与错误碰撞而得出的生龙活虎、印象深刻的真相”。这就好像，当我们听到一个错误的想法的时候，我们会变得比之前更加聪明，因为现在我们正确的意见在智力的战场上又胜了一局。公元4世纪的哲学家伊壁鸠鲁（Epicurus）提醒那些辩论者，“在哲学的争论中，被打败的那一方得到的更多，因为他学到的更多。”看吧，犯错误是一件好事。另外，穆勒也说过，做一个郁闷的苏格拉底，要比做一头舒坦的猪好得多。他看上去好像有点儿过于热衷于反对了。

所有这些，并非意味着我们应该得到不受限制的言论自由。回到一个著名的简单类比，日常生活无法精确地给予我们所想要的：如果你没有发现火，你就不能在人数众多的剧场喊："着火了！"即使你拥有言论自由的权利——有些时候你就是想在电影放映的时候，冲每一个人大喊"着火了"——没有比一个人的生存权和不被伤害权更重要的权利了。这个类比适用于所有伤害，从情色书刊带来的伤害，到教促反对者前往加拿大（在那里曲棍球运动更加发达）的反战手册。律师甚至将这种类比应用于一个在西南航空航班上穿着印有侮辱布什政府言论的T恤的女人身上，这个女人因为衣服上的言论而被请下飞机。结果是，辨别何为"伤害"的方法，与最高法院用来甄别情色的方法雷同——"我一看就知道"。

给"讨论民主"的谜题再加最后一点料。19世纪德国哲学家黑格尔（Hegel）描述了思想是如何从冲突之间演化而来的。首先，一个人提出一个论点，即一个"命题"。由于每一个命题自身都含有矛盾，于是产生了它自己的对立面，一个"反命题"，一般是由另一方提出的。这类似于花园里的夏娃，她说"这个苹果是坏的。"蛇说："不，夏娃，这个苹果'咝咝咝咝咝'不是坏的，它甚至'咝咝咝咝咝'是好的。"这个过程导致了一个更加丰富的思想，一个“综合”，或者一个判断，两种情况都继承并超越了之前对立的双方：“这个苹果也许有一点点坏，但是有一点点知识也是好的。”这个过程继续下去，从而新的并且“改善”的综合体出现了，它是新的理论，因此一个命题自身能够产生它的反命题，并且导致了更加光辉的综合体的出现。这就是著名的黑格尔的辩证法。

将此作为交流和产生思想的模式将面临争论，因为这种模式可能被智能的权威操作用以强迫人们去做非黑即白的选择，即对于一个人或者一个社会来说，什么可能不是最好的（看看上文中关于吃苹果的夏娃和蛇）。一些人认为，这种对立面之间的相互作用掩盖了社会主义（socialism）① 的基石：一个人提出他自己的观点，然后另外一个人（例如，政府）站出来面对这个观点，然后——将所有的不同观点放在一边——每个人都达成共识，两个观点融合在一起，就成了“他们”的计划。至少我们被警告过了。

所以去摇旗呐喊说：“去你的反对观点吧！”只是声音别大

① 社会主义一词源于拉丁文。它是一种经济社会学思想，主张或提倡整个社会作为整体，由社会拥有和控制产品、资本、土地、资产等，其管理和分配基于公众利益。19 世纪 30—40 年代，“社会主义”一词在西欧广为流传。马克思、恩格斯使用了“社会主义”一词，并做了科学解释，指出社会主义是资本主义和共产主义之间的过渡。——译者注

到震坏我们的耳朵。

婚姻＝一个女人＋一个男人

直到我们拥有了累计和综合（calculus and integration）的可靠方法。尽管在美国，一个男人加上一个女人也等于45％的离婚率。而且在宗教右派将大部分精力放在同性婚姻上的时候，令他们惊讶的是，他们自己的离婚率比非宗教人士、无神论者和不可知论者的离婚率还要高。你可以在这个问题上做一下数据统计。

但这只是数字，让我们看看数字背后的意义吧。婚姻，依据定义，是一个男人和一个女人的结合。

异曲同工的是，1966年时对婚姻的定义精确地类似于这张车贴标语所总结的那样："婚姻＝同一种族的两个人。"在秉持这种定义的法庭上，法官宣布道："全能的上帝创造了不同的种族……（而）将不同的种族放在了不同的大陆上……（这就）显示了他不希望种族之间的融合。"直到1967年最高法院颁布法令之前，异族通婚都是违法的。甚至到了今天，穆斯林妇女仍然是所谓的"荣誉谋杀"的牺牲品，在"荣誉谋杀”中，家人或者社区里的其他人，会因为妇女犯下了“罪行”而杀死她，这些所谓的“罪行”包括与异族约会、通奸、调情，甚至在一些特殊的情况下，仅仅因为丈夫做了一个妻子背叛自己的梦。这类事情常常发生在公共场合，甚至是名人身上，而且美国每年大约有5 000个“荣誉谋杀”案件发生。

“语义学，语义学”，基于定义的交流通常是这样进行的，而且是为了一个好的理由。俗话说（或者至少经常听到）把一条尾巴叫作腿，并不能使狗有五条腿。同理，无论我们称它为什么，我们所有人似乎都应该拥有相同的权利，正如比起非婚者而言，婚姻的确给人们带来了数不清的好处。一篇于2009年在《时代周刊》上刊登的文章调查了夫妻能力相当的家庭中的花销差别：在一生中，同性非婚家庭比异性婚姻家庭多花销41 000～467 000美元，更别提同性非婚家庭所丧失的种种权利和优势了。

所以，如果“一个男人躺在另一个男人身边”真的会让这两个躺着的人在地狱之火中万劫不复的话，我们难道不应该让他们自由选择吗？毕竟，所有那些经过用心考虑却仍然选择离婚的天主教教徒犯下了同等的罪——恰当地称之为重罪——而且没有人游说使离婚成为非常行为。

我们怎么能忘了创世故事呢？被一个不在场的人讲述的故事被总结为如下的车贴标语：

是亚当和夏娃，而不是亚当和斯蒂文。

真的——正如《圣经》故事所讲的——曾经是真的。但是，在我们根据这个故事建立公共政策之前，我们首先应该强调一下，去看看是否有些东西使我们能够用来决定谁在我们的社会中享受权利。

如果那个苹果真的能够启发“分辨善恶的智慧”，那么亚当和夏娃在吃它之前就的确无法分辨善恶。所以，因为一个女人不知道这个事物是恶的而惩罚她，显然有失公平，因为她不知道违反上帝的意志去偷吃苹果就是恶的。我们不会在道德上批评一个掏别人钱包的婴儿，但是如果他是一个大一点儿的孩子，我们就会批评他，并且因为他改正了错误而赞扬他。再者，一旦夏娃分辨出她所做的事是错误的，她立刻感到羞耻，事实上这似乎非常值得表扬。因为她并没有在吃了苹果之后，跑来跑去地大声炫耀：“吃点儿苹果吧！”

毕竟，前辈人因无知而犯下错误，后代人却要遭受惩罚，这好像有失公平。想象有这样一条校规，因为有两个学生在不知情的情况下做了错事，随后招收的所有新生都要遭受惩罚。

以上都不是我们现有的伦理道德体系所认可的。

如果上帝是全知全能的，为什么在亚当偷吃禁果之后上帝找不到亚当呢？如果上帝是全知全能的，为什么在夏娃开始吃苹果之前上帝不去阻止她，并说："夏娃，你在哪里呢？"

2007年，美国内布拉斯加州参议员厄尼·钱伯斯（Ernie Chambers）一纸诉状，将上帝告上法庭，指控上帝给人类带来诸多灾难而且毫无悔意。（法院驳回了钱伯斯的诉讼请求，理由是上帝没有法定地址。但是，法庭承认上帝的存在，那么也就是承认上帝无所不知，既然上帝知道一切，上帝自然能接到诉讼通知。）所以，使花园中的两个不知情的人和一条会说话的蛇以及智慧之果在一起，难到上帝预料不到他们会被蛇的谗言迷惑而吃掉智慧之果吗？难到上帝不应该因为设下这个圈套而受到控诉吗？正如另一则车贴标语所说：

> 夏娃是被创造出来的。

在吃掉了智慧之果以后，亚当和夏娃变得有了羞耻之心，发明了用无花果的叶子编织的衣服来遮羞。但是，除了那些不为自己的身体感到羞耻的人，为什么当我们一旦"认识了"自己的身体，就会为身体感到羞耻呢？你怎样看待上帝向亚当提出的问题："是谁告诉你，你是裸体的？"这不像是亚当需要被告知的问题。现在，在清楚地理解了这个创世故事之后，我们接下来可以将讨论的成果应用于美国国内的权利分配上。除了上述来自《圣经》的“证据”，据说同性婚姻会破坏家庭组织、腐蚀婚姻。詹姆斯·多布森（James Dobson）在基督教广播节目《关注家庭》（*Focus on the Family*）中清楚地声称：“如果我们这代人搞不清楚婚姻是什么，那么下一代人就不会结婚。”首先，这来自一个这样的国家，在这个国家里，一个说唱明星可以和一个带着两个孩子的男人结婚，其中一个孩子是非婚生子，另一个孩子是这个男人和另外一个女人生的，然后这桩婚姻仅仅在两天之后便结束了。相反，丹麦、挪威和瑞典已经允许同性婚姻长达 10 年之久，而且在这些国家不但异性结婚率上升（在瑞典上升了 25%），而且离婚率也在下降。这些都成为狠狠地回击了多布森的车贴标语的动力的一部分，即“管好你自己的家庭”。

所以，是的，好好地经营自己的家庭，吃苹果，并且和蛇说话吧（假如这是你自己的选择），这不会伤害任何人。尽管仍要小心：蛇可能不会说话，但是会咬你一口。

资本主义是一种极端的信仰，它认为人类本性贪婪，但是贪婪得有理由，那就是全美国的人都能因此沾光。

没有什么比一点点修辞更能把观点阐述清楚了。而且如果你像大多数读者一样，也许对资本主义知之甚少，但是你却可能每天都生活在其中。具有讽刺意味的是，好像一些善于做生意的资本家制造了一大批这种表面光滑的车贴标语卖出去，而且赚取了高额利润。很有经济效益。

这张车贴标语实际上出自 20 世纪早期经济学家约翰·梅纳德·凯恩斯（John Maynard Keynes）① 之口，具体出处已经无处可寻。凯恩斯认为，资本家是一群“肮脏的人”，因为他们只知道遵从自私的本性行动，即他们所谓的“肮脏”的理由。但是，这同时也被认为是驱动资本主义力量的“看不见的手”。

---

① 约翰·梅纳德·凯恩斯，现代西方经济学最有影响的经济学家之一，他创立的宏观经济学与弗洛伊德的精神分析法以及爱因斯坦的相对论，并称为 20 世纪人类知识界的三大革命。——译者注

亚当·斯密（Adam Smith）[①] 被许多人认为是经济学之父，而且是那位为资本主义提供了智力基础的思想家。不过斯密更多地视自己为一个道德哲学家，他在学术生涯中的大部分时间都在学习和教授道德，而且他的第一本书也是以道德为题目的。在他的《道德情操论》（*The Theory of Moral Sentiments*）一书中，他提出了很多在日后非常流行的经济学基础思想。依靠建立在权利和同情心之上的道德框架，他把人类的利己主义的本性视为追求金钱和物品——资本。正如后来他在自己的巨著《国富论》（*The Wealth of Nations*）中所解释的，在我们分别追求各自的利益的活动中，充足的物品——“商品”（经济学家们喜欢说的产品总类）——是经济稳定的基石。比如，萨莉希望为埃玛制造更多的商品是因为萨莉想尽可能多地赚钱。同样，埃玛也拥有相同的想法，所以，埃玛希望烤出更多的面包。这就是资本主义下的著名的“看不见的手”，它驱使每个人追求更多的商品，而不是出于对国家的责任而努力工作，就像埃玛并非出于她对国家的义务而烤面包一样，萨莉也是一样。正如斯密所写的，“我们的晚餐并非来自屠宰商、

① 亚当·斯密，英国著名经济学家，古典政治经济学的代表人物之一。斯密一生从事过多种学科的研究，在经济学方面的研究尤为突出。代表作为《国富论》。——译者注

酿酒师和面包师的恩惠，而是来自他们对自身利益的关切。”这些并非“因为他们仁慈，而是因为他们自私”。

长话短说：“你是自私的，这对我来说反而是好事。”然后对方回答：“是呀，好吧，其实我跟你是一样的。”尽管 200 年之后，当安然公司①的高管和大银行（如花旗银行）的董事因追求自身利益而导致了美国的金融危机的时候，你会怀疑这个幽灵般的附属物（看不见的手）到底在哪里。公平地评价这张车贴标语，很难看出它们的“手”提供了更好的商品。正如诺贝尔经济学奖获得者约瑟夫·斯蒂格利茨（Joseph Stiglitz）②对这些公司的评论：“亚当·斯密说个人利益最大化与社会利益是一致的，但是，我认为这类戏剧化的事件（经济危机）恰恰显示出它们没有（提供好的商品）。”看不见的手？这里没有。

---

① 安然公司曾经是世界上最大的能源、商品和服务公司之一，名列《财富》杂志“美国 500 强”的第七名，自称全球领先企业。然而，2001 年 12 月 2 日，安然公司突然向纽约破产法院申请破产保护，该案成为美国历史上第二大企业破产案。此事严重挫伤了美国经济恢复的元气，重创了投资者和社会公众的信心。——译者注

② 约瑟夫·斯蒂格利茨，美国经济学家、美国哥伦比亚大学教授、英国曼彻斯特大学布鲁克斯世界贫困研究所（BWPI）主席。他于 1979 年获得约翰·贝茨·克拉克奖，2001 年获得诺贝尔经济学奖。斯蒂格利茨曾担任世界银行资深副总裁与首席经济学家，提出经济全球化的观点。曾在国际货币基金组织任职。——译者注

凯恩斯的观点不同。与其任由孩子自由自在地跑来跑去想做什么就做什么，不如让家长干涉进来；也就是说，政府应该以市民的利益为出发点来刺激经济。政府行为包括降低利率、减税，或者投资私营企业——简单地讲，就是政府多花钱、少赚钱。虽然这造成了政府财政赤字，但当经济增长缓慢时，这是唯一能够刺激经济增长的方法。这种政府投资不但能够避免长时间的失业和社会压力，而且能防止经济下滑，否则经济将要花很长时间才能恢复过来。然后，理想状态下（乐观地讲），政府就可以在经济繁荣时期偿还债务。可以想象，亚当·斯密自己的车贴标语会这样回应凯恩斯的观点：凯恩斯主义是个奇怪的想法，它让最好的人出于最伟大的目的，使得我们的国家陷入巨大的债务危机，然后还说这是一件好事。

最后，在思想交流的平台上，通过最具影响力的倡导者马克思，我们从社会主义阵营的角度来批判资本主义。马克思曾预言，掌握着全部财富的少数人（中产阶级）会不停地追求极大利益，比贫穷而人数众多的工薪阶级（无产阶级）所掌握的财富要多得多，最终会导致无产阶级不堪压榨蹂躏而远走他乡或者揭竿起义。作为一种解决途径，马克思认为人们应该集体拥有资本（也就是所有的商品），而且每个人都获得相同的报酬。半个世纪以前，诗人珀西·比希·雪莱（Percy Bysshe Shelley)[1] 与马克思的观点不谋而合，生动地将其形容为“富人越富，穷人越穷”，统计显示确实如此。斯密另一辆车上的车贴标语是：社会主义是一个杰出的想法，不用刺激手段，每个人付出的劳动相同，而且得到的报酬相同，我们的生活会变得更好。

还有，我的车是在“看不见的手”的作用下制造出来的。

我已经准备好了反对下一场战争。

据说，“思维就像降落伞——只有打开它的时候，它才工作。”这句话好像和这张车贴标语没有关系。给这张车贴标语一个恰当的解释，也许这张车贴的主人恰恰从一架格言飞机上跳下来，背着降落伞，思维却紧紧关闭着。他正在想：“我不仅仅要反对这场战争，我还要反对所有的战争，因为没有任何一个邪恶的、背负着屠杀罪名的刽子手能够评价战争。”也许当他快要撞到地面的时候，会改变主意。也许正如一句中国谚语所说的：“一个封闭的头脑就像一本合上的书：只是一块木

① 珀西·比希·雪莱，英国浪漫主义民主诗人、第一位社会主义诗人、小说家、哲学家、散文随笔和政论作家、改革家、柏拉图主义者和理想主义者，受空想社会主义思想影响颇深。——译者注

头而已。”而且一块木头是不会打开降落伞的。

我们可以想象一下，在圣雄甘地的背包上——一张“臂吊带贴纸”适用于所有苦行的人，因为非物质化的生活方式使其没有可以粘贴车贴标语的交通工具。甘地以印度伦理的不杀生的传统主张代替了战争，或称之为非暴力主义。他破天荒地修正了《旧约圣经》中“以眼还眼”的哲学，告诫世人以眼还眼“会使所有人都变成瞎子”。在领导反对英国殖民的独立运动中，他采用非暴力不合作的策略，例如，抵制英国商品、静坐和绝食。

当《圣经》中的“以眼还眼”与《圣经·马太福音》中的“连左脸也转过来由他打”相矛盾的时候，杰出的托马斯·阿奎那如实地列出了一系列标准，用来判断引发战争的合理性。今天依然流行用“正义战争理论”来决定什么时候一方向另一方宣战是合理的，尤其是当宣战拥有道德需求的时候。下次当两人战斗，判断他们是否符合正义战争的标准时，其标准如下：

(1) 正当的理由——“他偷了我的游戏机、牙刷或女朋友。”

(2) 由合适的权威宣布战争开始——“我。”“不，应该是我。”

(3) 正确的目标——“为了继续我的事业（与第一条相似）。”

(4) 拥有一个合理的获胜机会——一个50磅重的小个子，几乎不能拎起自己的背包，更何况和一个空手道黑带的大个子打架。

(5) 使用恰当的手段——类似于“不要用大铁锤砸一枚小钉子”：一个人不可能通过摧毁一幅画着另一个人房间的图画来摧毁这个人的房间。

你和你的敌人坐下来，准备花几天时间讨论如下模棱两可的词：什么是“正当的理由”、“合适的权威”、“正确的目标”、“合理的机会”以及“恰当的手段”。当一场有意而为之的战争最终被宣布为“正义”的时候，挑起战争的意愿也许已经消失了。正如我们的车贴标语的智慧所强调的，也许下一场战争最终是不必要的。尽管依然无法摆脱《圣经》的思维方式，美国总统布什依靠《旧约圣经》里对末日圣战的预言而为战争辩护。正如当时他对法国总统雅克·希拉克[①]所说的：“这次对抗是遵从上帝的旨意，他希望在新世纪来临之前，利用这场战

① 雅克·希拉克，法国政治家，前总统。曾于1977—1995年，三次连任巴黎市长，并于1995年5月第一次当选为法国总统。2002年5月，以81.5%对18.5%的绝对优势击败极右翼领导人勒庞连任。2011年12月15日，因挪用公款、滥用职权等罪名，被司法机关判处两年有期徒刑，缓期执行。——译者注

争将他的子民的敌人消灭掉。”布什将战争说成“上帝布置的任务”，正如他向巴勒斯坦外交部长所解释的那样。这也许会带来一个问题，即我们是否能将布什视为一个首先宣布战争开始的“合适的权威”。

给正义战争理论以公平的评价，简单地说，就是我们可以在功利主义的层面上给予战争一个公正的评价——为了利益最大化而不惜做出任何事。战争带来的潜在好处——例如，把人民从非正义的政府的统治下解放出来——应该能够掩盖战争所带来的罪恶。正义战争比单纯的以眼还眼更加复杂，但是却能够避免更多的人被戳瞎眼睛。对于这张车贴标语的主人来说，真正的问题是：是否存在这样一种情况，在这种情况下，一个国家攻击另一个国家是正义的。如果你站在甘地那一边，那么挂上这张车贴标语；但是如果阿奎那说服了你，这里有很多车贴标语等着你——也许就是那张陈词滥调却思维缜密的“无来无由行善”。

枪支管理

和基督教的鱼符号一样，“枪不是用来杀人的”是最有影响力的车贴标语之一。1791年，美国再一次修改宪法（这是第二次修改宪法），从此赋予了市民携带武器的权利。当时，“武器”包括得花上一分钟才能装上子弹的单发步枪，因为当时还没有发明手枪、自动武器和火箭发射器。1927年，当福特现代A型车投入市场后，车贴标语便出现了（上一代的现代T型车没有用来贴车贴的保险杠），因此交通工具成为发表与此话题相关的见解并相互交流的场所。

不是枪杀了人，是人杀了人。

不是枪杀了人，是子弹杀了人。

枪不杀人，但是开车打电话的司机会杀人。

枪不杀人，激进分子和预备军人会杀人。

枪不杀人，枪杀宴会。

不……我很确定枪会杀人。

嘿，傻蛋，社会缺少父母之爱，而不是缺少枪！

谴责枪造成了暴力，就好比谴责铅笔拼写了错字。

枪支管理不是管理枪支本身，而是管理体制。

管理枪支需要两只手。

第二次修改：保护它。保留它。

连发子弹就是连续犯罪。

我很高兴能和读者讨论这些。

当我们的学校不再为资金发愁而空军却需要依靠开面包店来支付军费的那天是个大日子。

这么长的车贴标语也许用类似于“自然权利”的形式会更加简洁——例如，“学校不是炸弹。”——这样就变成了一句双关语，表达了希望孩子们能够免费接受教育，而且教育能够从政治和拥有巨额利润的军事工业的束缚下解放出来。

2008年，美国教育部在教育领域的预算为800亿美元，与此同时，国防部的预算是其8倍之多。空军机构不用卖蛋糕就能够维持运转。但是，委婉地说，我们也许要感谢这一切。生活在一个相对安全的环境里，不用担心被外国攻击，比起其他情况来说，这是一个比较好的选择，而且大概值得为此付钱，所以，我们可以自由自在地去上学，虽然我们希望学校能够更好一些。鉴于“9·11”事件所造成的极度恐慌，人们开始拒绝坐飞机——尽管开车走同样的距离会更加危险——而且接受了“恐慌文化”，我们大概不会再信任蛋糕店的上门服务了，因为我们害怕蛋糕里藏着炸弹。

幸运的是，军事和教育并不冲突。我们可以同时刺激教育业和国防体系共同发展；也许，我们需要的仅仅是稍微改变一下观念，去理解它。作家兼教育家戴夫·埃格斯（Dave Eggers）想做的正是这个。在他最近的一本书（标题里有一点点讽刺的味道）《教师不把这当回事儿：牺牲多，薪水少》（*Teachers Have It Easy*）和一部纪录片中，他和合作者希望像环保运动纪录片《难以忽视的真相》（*An Inconvenient Truth*）那样改变时代精神。作者将一名教师和一名医药销售代表的工作日对比来强调二者的天差地别：当医药销售代表啜饮着拿铁咖啡的时候，教师已经分别约谈了三个学生、在班上点名、布置了课程计划、安排了一次小测试、会见了代课老师们、整理了课件顺序，并且参与了一次教学会议……哦，还在教室里花了一个小时的时间来鼓励学生，指导各式各样的课题。教师做的所有这一切所获得的报酬，比那位医药代表获得的报酬要少得多。

一个明确的解决办法，正如这张车贴标语所说的，是用更高的薪水去雇用更优秀的教师。一位教育部长紧紧跟在布什后面（要求增加教育经费），然后现状改变了，刺激教育发展计划步入轨道。钱不是唯一的解决方法，但是投入更多的资金会带来更多的竞争机会。鉴于将近一半的教师在入职后的第五年会因为工作压力大和薪水太低而辞职，投入资金是一个很好的开端。钱也许是万恶之源，但它也是好事的驱动器。

6 400 亿美元的投资会让教育事业安全运转，那么，为教育而纳税之后所得到的是什么？在关于教育的讨论中，论及它的价值和方法，就不得不提到哲学家约翰·杜威（John Dewey）[①]，他被许多人认为是现代教育之父。首先，他在《民主主义与教育》（*Democracy and Education*）[②] 一书中强调了“有生命”和“没有生命”之间的重要区别，前者“通过不断的自我更新来保持自我”。石头，遵从上述评价标准，或者保持不动（即它们“坐在那里”），或者变成碎片。人类，从另一个方面来说，吸收能量并且用所吸收的能量来为自己谋利，就好比武术家借用攻击者出拳的力量作为自己的优势。这是一个很精致

① 约翰·杜威，美国哲学家、教育家，实用主义的集大成者。如果说皮尔士（Charles Sanders Peirce）创立了实用主义的方法，威廉·詹姆斯建立了实用主义的真理观，那么，杜威则建造了实用主义的理论大厦。他的著作很多，涉及科学、艺术、宗教伦理、政治、教育、社会学、历史学和经济学诸方面，使实用主义成为美国特有的文化现象。——译者注

② 《民主主义与教育》全面地阐述了实用主义教育理论，是杜威教育著述的代表作。他呼吁民主的教育，借以实现民有、民享、民治的资产阶级民主社会。他不但强于教育理论，而且富于教育经验，把理论和实际贯穿了起来。在教育史中既能提出新颖教育哲学，又能亲见其获得成功实施者，杜威是第一人。《民主主义与教育》刚好是理解近百年来，美国以及众多国家教育演进的钥匙。——译者注

的比喻，不容置疑，但是现在呢？我们教育年轻人，不是通过记忆和复述的方式，而是利用更加活跃的方式，以此让批判性和创造性思维活跃起来。所以，公民不仅仅知道科学的基本知识和数学的基本法则，还可以“分享共同的生活”，做出判断，并且寻找人类生活中独一无二的洞见。这样，一个真正的广闻博识的民主主义才能够诞生并发扬光大。

这项任务着实艰巨：不但要教授孩子们去认识这个世界的工作原理，还要启发他们去自省，使他们变成民主社会的积极建设者。看上去，这要比变成卖蛋糕的人花费更多的心思，尽管双层软糖布朗尼蛋糕总是一道大受欢迎的点心。我们可以有正当理由更加自私，因为一个由受过教育的投票者所组成的国家，为每一位公民都创造了一个更好、更公平的社会。并不令人奇怪的是，希特勒曾经宣布，全民教育是“自由主义的产物，也是最腐蚀的、瓦解自由主义的毒药，全民教育是自由主义毁灭自己的发明”。但是，我们大部分人都是幸运的，在一个民主社会中，我们承担的责任是比希特勒更加雄辩的哲学家第欧根尼（Diogenes）① 所说的“青年教育是国家的基石”。安

① 第欧根尼，古希腊哲学家，出生于一个银行家家庭，犬儒学派的代表人物。他的真实生平难以考据，但古代留下大量有关他的传闻逸事。——译者注

全、教育，还有时间烤蛋糕，生活如此美好。

一切看上去都很好，直到有个人出现，拿掉了你的车贴标语。这张车贴标语从字面上翻译为“在一起生活”，也就是共存的意思，更宽泛地说是“相安无事”，甚至有“不要同归于尽”的意思。亚里士多德曾经颇有洞见地说：“说出来的话是思想的符号，而写出来的字是说出来的话的符号。”进一步观察这些符号可以引领你获得更深刻的洞见。

最初的车贴都用如下符号：

☪ 伊斯兰教的新月标志。

☮ 和平（在某种程度上已经不太常用了）。

⚥ 男性或女性标志，包括了所有已知的人类性别。如今越来越多地被用来表示变性人。

✡ 大卫之盾。

i 字母 i 上的一点是巫术的五角星标志，代表了民间宗教、异教；它还代表着现代巫术、超自然力量。

☯ 道教的阴阳符。

✝ 基督教的十字架。

字母 e 后面加上 mc^2，是相对论公式，代表了那些科学地看待世界的人；还有佛教的业力轮☸。这张车贴标语的目的应该被衍生下去，因为这些符号之间蕴含着大量的思想体系之间的冲突。模仿这张车贴，将其中两个符号换一换，强调了一个人不能盲目地接受所有的思想体系。当然了，不是所有的思想体系都是正确的。

有些选项从未有能力进入思想体系的行列，有些会慢慢消失，而非“共存”，可能剩下的是：

©O_¢∑®i$ℍ

或者是

©O_®∑$† ℍn° ¢€Ⓐ☪e

最终，我们也许希望——在遥远的将来——“安详地逝去”，而且我们意识到，每一个人都终有一“死”，这里的车贴标语似乎像是最明智的劝诫——保留你自己的个人信仰，但是不要强迫其他人也接受它。这样，我们就可以在平静中逝去，不用理会所有的纷争，从而享受自己的信仰所带来的宁静。

大问题：那是你的最终答案吗？

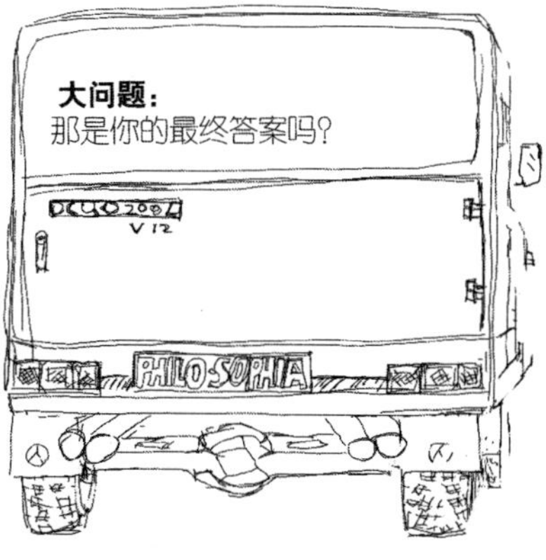

别担心，要开心！

在过去 10 年中，以幸福为主题的书的出版量突然增加，《我们的宠物狗是如何教给我们幸福的》（*How Our Dogs Can Teach Us*）、《如何让女人幸福》（*What Makes Women Happy*）、《对幸福之人的采访》（*Interviews with Happy People*）、《幸福的科学》（*The Science of Happiness*），甚至《不幸是如何让我们幸福的》（*How Unhappy Makes Us Happy*），各式各样，无所不包（还在继续）。杰里米·边沁基于他的整套功利主义伦理体系，提出了“最大幸福感法则”（the greatest happiness principle）——即我们应该为最广大的人民创造最大的幸福。亚里士多德甚至以幸福的概念为核心创造了他的整个道德体系。他称之为德行的实践（eudaimonia），即关于人类繁荣的深层次的幸福感。因为人类是唯一具有“理性灵魂”的种族，他认为善用理性和推理能够使人类繁荣并获得人类共同追求的幸福。正如托马斯·杰斐逊以其他车贴标语的形式所宣讲的那样，“如果无知是福，那么为何它却让如此多的人不开心?”“因为他们无知，托马斯。”亚里士多德的灵魂回答道。

我们首先追求的这个东西是什么？你幸福吗？现在呢？一个神经科学家也许能够将幸福感定义为血清胺①迅速通过脑部血管的时候产生的感觉。也就是百忧解里面的物质。（尽管百忧解这种药并不适合大部分人，并且带来了更深层次的问题。）那么如何才能让血清胺持续地在我们的大脑中流动呢？你现在幸福吗？心理学家亚伯拉罕·马斯洛（Abraham Maslow）② 将人类的需求像阶梯一样从低到高分为五个层次，被满足的需求层级越高，幸福感就越强（见图 1）。最低层级的是我们的生理需求，如饮水和进食，最高层级的是自我实现的需求——做我们“生来想要去做的事”。所以，我们仅仅需要顺着梯子往上

① 血清胺，其实就是 5-羟色胺。5-羟色胺合剂是人体中的固有生理物质，同时也是一种能产生愉悦情绪的信使，脑细胞合成该物质需要食物提供一种氨基酸——色氨酸。——译者注

② 亚伯拉罕·马斯洛曾任美国纽约大学（前布鲁克林学院）和布兰戴斯大学的心理学教授，是人本主义心理学的主要奠基人。——译者注

爬，在途中去体会幸福。你现在幸福吗？好像并非如此，正如具有广泛影响的道家代表人物庄子所说的，“纯粹的幸福是不再追求幸福的超然状态。”对于道家来说，事物都有两面性，当幸福来临时，悲伤也随之来临，而且重要的是，当悲伤来临时，幸福也随之来临。一旦你意识到了幸福与悲伤之间的和谐关系，你就可以拥抱悲伤，将巨大的压力减轻，然后总是能变得更加幸福。日常生活中，总是有些小小的不愉快，没关系，这是必要的。现在幸福了吗？

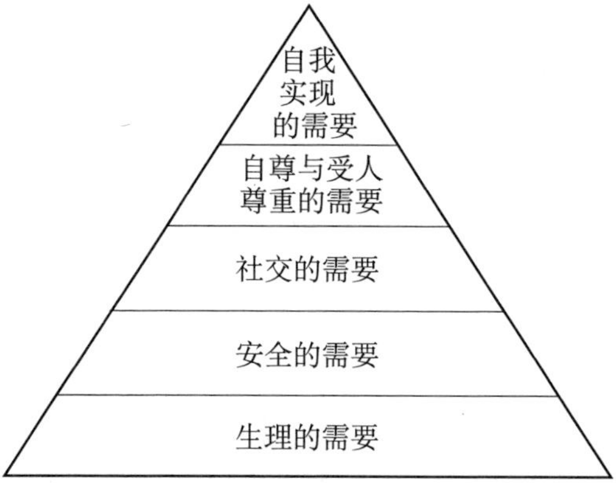

图 1　马斯洛的五种需要层次

内心的伤痛和悲哀就好比在心理层面上受到了创伤。当你受伤的时候，你的注意力全部集中在伤口上。同理，悲伤可以增加一个人对自我内心的关注度，促使一个人集中注意力去探索自己更深层次的内心世界。这使得我们反省自己是谁。我们这样做的代价是在日常生活中，当某人与我们打招呼说："嗨，我今天过得很好，你呢？"我们不得不撒谎说："我很好，谢谢了。""好好好，一切都好。"你是怎么做的？

回到亚当和夏娃的故事，作家艾瑞克·威尔逊（Eric Wilson）在他的反文化书，即《反对幸福》（*Against Happiness*）中解释道，当亚当和夏娃吃了禁果之后就"堕落"了，他们第一次接触到了真正的善。只有当他们面对真正的邪恶时，才能意识到什么是真正的善，"只有当他们堕落的时候，他们才能深深地体会到，他们曾经拥有的欢乐是多么美好。"这就是看到了生命的一线生机。他继续讲道："那些人生在世只求幸福的人，毫无疑问是悲惨的。"这种肤浅的幸福感只能让一个人变得虚伪。特别是在今天，心理学家只知道一味地鼓吹毫无意义的竞争（为了实现自我价值而与他人竞争），使得人们提高了"藏在假笑后面生存"这项技能，而忽视了世界真正的复杂性和人们内心深处的不自信。"他们所披着的伪装，是保护他们躲避绝望的伪装。"哦，这下可好了，我们不但不幸福，还很虚伪。他的车贴标语读起来更类似于："别担心，或者，想担心的时候就担心。快乐，或者不快乐。"那么，下一步该怎么办？

好消息是我们拥有一项不可被剥夺的权利，由《独立宣言》

所提供的追求幸福的权利。不幸的是，他们没有更进一步地提供一个真正得到幸福的权利——尽管这项权利将征收税款，以至于最激情的自由主义者都不会支持它。但是，在经过这一番深刻的自省之后，我们好像能够稍稍摆脱一些压力了。

你现在幸福吗？如果不是，也不用担心。

无为……

……你打算去跳舞，你打算去钓鱼，你打算和一个新泽西女孩儿谈恋爱。这条清单越来越长。显然，这些事情都有所为，无论是司机正在寻找钓鱼的地方，还是正在和一个来自新泽西的女孩儿谈恋爱。为何他要先做这件事情而不是其他事情？是什么造成了一个人怀疑，也许无论做什么都无所谓？结果是，什么事都没有。实实在在地缺少某些东西才是真正有所谓的事。我们实在是应该做些什么。

首先，自打你出生的那一刻，你就已经受惠于我们所拥有的最重要的事物之一：纯粹的生命的权利。在生存权的基础上，你能够持续不断地做你应该做的事，也就是所谓的“消极”义务，这个义务要求一个人什么都不做，因此，你的朋友们和同时代的人享有同等的权利。做得不错：无为。

历史上最著名的情景喜剧《宋飞正传》(*Seinfeld*)[①] 讲述了四个平常人的无所谓的生活，整个剧集都类似于坐在餐馆里等人，或者在车库中找车等无所作为的桥段。这部剧的 DVD 封面上包括如下标语："记录的都是些鸡毛蒜皮的事"，剧中角色甚至表示，一部展示了日常生活中鸡毛蒜皮的节目，大概就像那种观众在日常生活中经历的情况。演员杰里想象该如何将这部电视剧推销给 NBC 电视台："他们问：'你的电视剧都讲了些什么?'我回答说：'啥都没有。'"随后，乔治证实了情况的确如此。杰里回答道："我认为，也许这里面有些内容。"但是，在最后一集中，这四位主要角色都目睹了一个男人被劫持，但是，这四个人什么都没做（而是站在一边打趣）。他们因此被判违反了马萨诸塞州的《善良的撒玛利亚人法》(Good Samaritan Laws)[②] 而被送进监狱，因为他们的袖手旁观，让他们变成了邪恶的撒玛利亚人。不幸的是，这种情况拥有一个

---

① NBC 电视台的《宋飞正传》的主题是——"没有主题"，它讲述了四个平常人的生活，主角并没有衣着光鲜，也没有奇能异才。但正是这部"咱老百姓自己的故事"，被称为"20 世纪最伟大的剧集"，风靡美国九年，获得了包括金球奖、艾美奖在内数不胜数的奖项。——译者注

② 《善良的撒玛利亚人法》是关于在紧急状态下，施救者因其无偿的救助行为给被救助者造成某种损害时免除责任的法律条文。美国联邦和各州的法律中都有相关的法律条款。——译者注

恰当的名字“旁观者效应”①，正是因为这个效应，当纽约的一名女子被残忍杀害的时候，毗邻的38个邻居没有一个人施以援手——更恰当地说，他们什么都没做：无为。

对远东和印度的宗教——如道教、印度教、佛教——来说，没有什么比“无为”更加重要了。佛教徒在涅槃时的最终目的即“空”。字面意思为“熄灭”，目的是熄灭一个人的自我意识和所有欲念，以达到思想的深度平静，而后和唯一的宇宙联系起来。这类似于既清醒又深度沉睡的状态：无为。

道家也崇尚“无为”，并且走得更远。在道家的传统中，矛盾是必要的：他们将西方谚语“没有付出，就没有收获”强化为“欲将取之，必先予之”。老子解释道：“埏埴以为器，当其无，有器之用。”勺子能盛东西，恰恰是因为勺子里面什么东西都没有。当甘地和他的追随者们遵循非暴力不合作原则，通过和平抗议和抵制英货的手段来争取印度独立的时候，他们不仅避免了全世界都变成瞎子的惨剧，而且最终将印度从英国的压榨中解放出来：无为。

回到西方世界，我们对无为着实抱有偏见，尽管从实际情况看在许多生活领域里无为的确很重要。数据显示，职业英式

① 在现场旁观者的数量影响了突发事件中亲社会反应的可能性。当旁观者的数量增加时，任何一个旁观者提供帮助的可能性就会减少，即使他们采取反应，反应的时间也会延长。——译者注

足球守门员在一对一的情况下，与其不断地猜测和跳跃，不如站在球门中央等待，后者更能提高扑住球的概率。但通常是，守门员宁愿显得看上去做了些事而失败，也不愿意什么都不做而减少失败：无为很重要。

看上去一个人可以从无为中获得一些东西，不管物理学家是怎么说的。苏格拉底在他的名言“一个聪明的人是知道他自己的无知的人”之中，实实在在地寄予了一些东西。虽然有些矛盾的是，他知道自己无知——无知即不知——但是他却被其他先哲誉为他们之中最聪明的人。所以，如果苏格拉底正在享受钓鱼，或者正在和一个新泽西女孩谈恋爱，也许就没有事情是他不在乎的了（他非常在乎这些事）。

生活就像吸管，糟透了。[①]

这位幽默的悲观主义者虽然很好地表达了自己的意思，但比喻却不太恰当。因为一根吸管并不能做任何事。为了

① 原文标题“life is just like a straw，it sucks”，直译为“生活就像一根吸管，嘬”。“it sucks”是英语俚语，表示“糟透了”、“恶心死了”的意思。——译者注

更加确切，这张车贴标语应该写成“生活糟透了”。尽管一些体验了糟糕的生活从而心怀忧虑的人可能并没有想得这样清楚，而且在逻辑上也必然并非如他们本应该做到的那样严谨。

我们可以感受到他们想表达的最核心的意图是：生活整体上纯粹是糟糕的。这里，我们遭遇到在任何调查中都不可回避的关于价值判断的问题：相对性。“和什么相较而言?”我们问。比如，当我们同样的悲观车贴标语的主人喃喃道“这张比萨饼糟透了”的时候，是和其他的比萨饼（或者，至少是其他的事物）相比较而言的。这好比我们说宇宙太“陌生了”——和什么相较而言？我们知道仅有一个宇宙。

也许，至少他说“我的生活糟透了”是因为他沉浸在和邻居相比较的情绪中，不断地和那些社会地位相似的人，以及这些人乐观的车贴标语相比较。尽管在那种情况下，车贴标语的智慧并非那么放之四海而皆准，但很多情况下，我们对于回答这些没什么压力的问题都没有兴趣，例如，“乔伊的生活的意义是什么?”

我们保留下来的选项是生命——也就是：活着——在和“非生命”选项相比较的时候糟透了。如果上文提到的乔伊面对“乔伊生活的意义是什么”这个问题的时候，回答“没什么意义，我的生活确实糟透了”，那么欢迎他提出“错误降生”的诉讼。在这场奇特的诉讼中，他可以状告自己的父母和接生医生允许他降生到这个世界上，并让他体味这个世界的苦难。

但是，强调那个统摄全局的问题，根据之前的论述，忧虑是生存的主题，这直接回答了“生活的意义”这一问题。存在主义的核心观点是：我们是真正地、彻底地拥有自由。正如存在主义者让-保罗·萨特（Jean-Paul Sartre）写道，“本质先于存在”——我们降生，然后选择成为什么样的人。因此，我们不能严苛地责备（或者赞扬）我们的基因、我们的双亲、一些已经被安排好的命运、一段“黑暗的过去”，或者我们的命运中的宇宙力量。我们应该为自己的人生负责。当我们意识到，我们是自己人生的主人，同时我们自己设定的人生计划在瑰丽的宇宙图景中又显得如此微不足道的时候，这种不一致会造成忧虑，觉得这些人生选择和人生计划没有什么意义。所以，由于没有预先设定的意义，我们在生存的过程中体会到了“忧虑”，在独自探索何为“忧虑”的过程中，我们找到了生命的深层意义。我们选择自己的意义，最终会获得意义。

不幸的是，写了这张车贴标语的、不精通语法的、正在用吸管嘬着奶昔饮料的“专家”，在同一个地方嘬太久了，以至于无法品尝到杯中另一半奶昔的美味。

一个相信任何事都是天注定的人，在过马路的时候也要看车。

当然了。但是他们别无选择，不是吗？命运被写在星象上、“卡片里”，而且很久以前就写在上面了。命中注定要有一番作为，或者至少平安地穿过马路。

讨论宿命论的真正趣味在于，对于门外汉来说，语言往往是完全无法驳斥的。让我们看一看……今已知汝名、汝急速去、急急如律令；吾知汝名、急去千里、急急如律令。没有一种神秘力量或者超自然力量能让一个作者写出这种胡言乱语，尤其不会让他将这种胡言乱语投到一位资深编辑那里，以期获得成千上万的读者。这是自由意志的真正殉难。多么有创意，所写的东西从来没有被创造过。这必然是“自由意志”的杰作。

但是，宿命论者很快回答说，一些不可知的力量会直接——或者至少借作者之手——造成这样极端的行为。在作者出生之前，就注定了他会这样做。所以，显然，“在过马路之前左右看看”并不能反驳宿命论。至少交通规则不能反驳宿命论。

需要澄清的是，宿命论和决定论之间有着重要的区别。一趟前往冰淇淋店的旅行可以帮助弄清楚其中的区别：

宿命论：自打你出生起的那一刻——甚至在你出生之前——就注定你最终会在这一天，在这家冰淇淋店里，“选择”泡泡糖口味的冰淇淋。

自由意志论：你选择了泡泡糖口味的冰淇淋仅仅是因为你想吃。

决定论：你的基因和周围的环境控制你选择了这个口味的冰淇淋。因为这二者都非你能控制的，而且是指导你的行为的唯一因素，所以选择泡泡糖口味冰淇淋并不是完全自由的。

宿命论的教条不必然成为宗教教条，但是，基督教的加尔文主义者[①]在宣扬宿命论的过程中起了决定性作用。因为上帝是全知全能的，他知道所有的事实，包括你将要选择泡泡糖口味的冰淇淋，因此，你不会不选择泡泡糖口味的冰淇淋。而且，因为上帝是造物者和作者，他一字一句地创造了他的计划中的每一个细节，好比一部电影的导演为他的演员所做的，

① 加尔文主义者是以加尔文（Jean Chauvin）神学思想为依据的各教会团体的总称。由于加尔文改革了天主教的传统教义，汉译又称之为归正宗。加尔文主义神学思想的核心是预定论。它突出强调上帝的绝对主权，认为世界上万事万物的存在与变化皆为上帝的意志。——译者注

“接下来他说：‘请给我一个泡泡糖口味的冰淇淋。’停，就拍到这里！”

这种世界观极具吸引力。如果所有事都在上帝的掌握之中，那么一个人就可以毫不费力地搭上上帝的顺风车。不必出一点力气。而且当这个人失败的时候，他就有机会抱怨：“上帝为什么这么做！”

但是，一些有趣的复杂问题出现了。如果我们在别无选择的情况下犯下罪行，那么我们应该受到谴责么？正如第一位被世人熟知的“决定主义者律师”克莱伦斯·丹诺（Clarence Darrow）[①] 所争论的，当罪犯迫于环境的压力而犯罪，并且该压力已经超出了罪犯的控制能力，而且造成这种环境的成因与罪犯无关的时候，罪犯不应该被判刑或被关进监狱。当一个人并非出于自由意志而犯罪的时候，我们不能说他罪有应得而惩罚他。这很像科幻电影《少数派报告》（*Minority Report*）中未来警察的作风，在电影中，未来是可以预知的，而罪犯在实施犯罪前就已经遭到逮捕。正如上帝在《圣经·约翰福音》第

---

① 克莱伦斯·丹诺被后人誉为美国历史上最伟大的辩护律师，其在律师生涯之中成功地代理了许多起疑难复杂的经典案件。他为美国社会的劳工领袖、无政府主义者、有色人种、进化论传播者、未成年人以及其他形形色色的刑事被告人出庭做过无数次精彩的辩护。——译者注

15 节第 16 条所说的："不是你们拣选了我，是我拣选了你们。"如果在我们出生之前命运就已经被设定好了，那么我们还有什么动力在余生中继续奋斗呢？所以一个人所面临的，要么是担忧没有被上帝选为他的选民而获得福音，要么是担忧整个一生都在一个伟大的木偶操作师操作下按部就班地度过。

自由意志主义者基于事实，倡导任何自由选择的行为，他们会做出截然相反的事。在选择冰淇淋的时候，他们可以不选择泡泡糖口味而是选择其他口味，或者干脆什么都不选。决定论者经常反驳道，不可否认的是：你没有选择另外一种——你做了你所做的事。所以决定论者继续说道，假如情境改变了——你拥有另外一套大脑构造，或者你在另外一个环境中——那么你会选择不同的口味，但是你的选择和行动取决于（即被决定于）那些你控制之外的因素和力量。没有多少空间留给自由意志。

最近的大脑扫描显示，虽然看上去人们像是自由地选择了行动，但是在意识进入脑海之前，大脑已经开始了计算运动。我们的大脑做出了决定，几毫秒之后，我们有了自由意志的感觉。这对棒球击球手和其他运动员来说是个好消息，因为当击球手花费时间去思考如何挥棒击球的时候，已经太晚了，球已经飞到面前了。自由意志是一种错觉，给许多哲学信任带来了太多苦恼。正如英国作家塞缪尔·约翰逊（Samuel Johnson）所写的“所有的理论都反对自由意志；所有的实践都支持自由意志。”17 世纪哲学家巴鲁克·斯宾诺莎（Baruch Spinoza）曾经说，假如一块石头能够思考，它同样会爱上自己自由的行动，幼儿也会认为他有权喝奶。他提醒我们，我们对形成我们的欲望的原因一无所知。直到现在，随着神经科学的进步，我们开始寻找形成欲望的原因。

所以，随便选择那些解释你为何选择冰淇淋的理论。但是，无论何种原因，都要兼顾两边，就好比过马路的时候左右都要看看。

努力活下去；人都离死不远。

事情是这样的：凭借你所知道的事情，你知道自己存在。这个智慧来自勒内·笛卡尔（René Descartes）[①] 经常被引用的名言：“我思故我在。”他证明了什么？他证明了某个人思考并

① 勒内·笛卡尔，法国著名哲学家、数学家、物理学家，西方近代资产阶级哲学奠基人之一。——译者注

怀疑的事物——“我”，没有更合适的词——存在着。不是你。不是我。甚至也不是勒内·笛卡儿，有胳膊有腿，出版了几本书的这个人。对于这个观点，他没有在著作《第一哲学沉思集》(*Meditations*)① 中进行其他阐述。但是，他的确证明了绝对的知识，知识就在那里，人们必须思考知识并怀疑知识。所以最终，我们可以知道“我”存在，并通过某种形式去怀疑。

还有更多需要被知道的事。显然，哲学家们自苏格拉底时代以来，走过了漫长的道路，苏格拉底最伟大的贡献是，“我只知道一件事，那就是我自己的无知。”但是，当他谈及真理，我们都同意，“我”的存在是民主、共和、信仰、美德开始的地方。

那么为什么要“努力活着呢”？“要么忙着活，要么忙着死。”正如《肖申克的救赎》（*The Shawshank Redemption*）中含冤入狱的男主角所说的。这为人们提供了一个机会，去反驳

---

① 《第一哲学沉思集》是笛卡儿最重要的哲学著作之一，被看作近代西方哲学的奠基之作。在这部著作中，笛卡儿通过普遍怀疑的方法，力图使心灵摆脱感官，通过纯粹理智来获得确定的知识。他从“我思故我在”这一著名的命题出发，推出上帝的存在和外界物体的存在，重新建立起心灵、上帝和物体的观念的可靠性。笛卡儿在书中所阐述的天赋观念论、身心二元论、理智至上论，以及他对知识的确定性的追寻，直接引发了欧洲大陆的理性主义风潮，对后世哲学有着深刻的影响。——译者注

那种认为生活围绕着死亡的过分悲观主义的生活观：一旦我们出生，就开始面临死亡。如果你坚持怀有这张车贴的智慧，那么你就不会这样想。

例如，当你走进一家当天刚刚开始营业的商店，你不会说该店就要关门了，虽然事实上，随着每一分钟的流逝，该店都离关门更近一步。故事是开放性的。但是想象一下，在黄昏时分进入同一家商店，店主已经开始打扫店铺并记账了，而且已经锁上了后门。“嘿，老板，为何你要锁住后门呀？”你问道。“我们要关门啦。”他回答。直到他们打算关门的时候才会关门。“下次见啦。”你说道。

不幸的是，在生活中，我们不知道是否能够“下次见”。我们甚至不知道自己何时会“关门”，但是我们可以决定我们什么时候要“关门”。而且你甚至不必去锁门，因为当你的人生之门关闭的时候，你是走向美好的地方了——这是我们所知道的。

记住你想成为怎样的人。

咚咚咚……

谁啊？

你。

你是谁？

对，你是谁。

首先，你需要指出你是谁。你的身份。在某种程度上，这取决于你曾经是谁。然后，你可以决定这张车贴标语是否真的值得继续探讨。

在继续讨论之前，这里有一个警告。大卫·休谟认为，任何关于自我和身份的概念都是我们赋予自己的虚构的代号——很大程度上更像一个占位符而非其他。而且，所有的佛教徒都同意休谟的说法，相信没有固定的自我。他们将我们的错觉归因于为事物命名，以及为自己命名。名字，正如佛教徒的故事所讲的，“只是一个标签，一个方便的称呼，或者仅仅是名字而已……在绝对意义上，这里没有自我可供寻找。”

想一想“贝丝”，那是你用了10年之久的电脑的名字。自从你把它买回家，你已经逐渐替换了它的每一个零件：硬盘、外壳、显示器，最后用一副新键盘换掉了那副因为写最近的一部小说而坏掉的旧键盘。没有一个零件是原装的了，但是你仍然称呼它为亲爱的“贝丝”，这台陪伴了你10年的电脑。在某种意义上，你被名字蒙骗了，虽然挺方便的，但是你发现，自己没能捕捉到更深层次的现实。现在站在镜子前面，拿着自己出生时候的照片——甚至可以穿上生日礼服来增加效果。你是谁（认真地问）？

无论你是不是同一个人，你肯定是某个人——你正在阅读，因此你的确是某个人。你如何知道自己是谁？你是不是当地宾馆的服务员？是的，但是仅仅每周两天。如果你每周工作七天呢？现在，宾馆服务员这个身份比其他任何一种身份更能说明你是谁（仅仅做一下数学计算就很明显了）。显然，你作为服务员的表现和在“真正的”生活中的表现不同。作为服务员，你只是在表演，扮演服务员这个角色。但是，在“真正的”生活中，是否作为服务员的表演结束了而作为普通人的表演开始了呢？让-保罗·萨特写道：“我看到自己，因为有人看见我。”这决定了一个人按照别人看他的方式去表演。喜剧演员克里斯·洛克（Chris Rock）[①] 将萨特的话进一步延伸了，他说道：“当你外出和某人约会，你不是去会见他本人，你是去会见他的典型表现。”而且，同样的情形还会发生在采访、鸡尾酒会时，更多的是某人去拜访你时。

这是一个思维的冒险——尝试以一种你从未有过的，或者你希望有过的方式去行事——激发忧虑。这就好像大学生坐在

---

① 克里斯·洛克，美国喜剧演员、编剧、导演及监制。以脱口秀出道，曾获得两次艾美奖。——译者注

广告心理学课程的教室里，穿着拉尔夫劳伦牌马球衬衫，嘲笑几乎裸体的阿伯克龙比牌服装的模特。这种深层次的自我定义就是所谓“坏的信仰”。我们花费太多时间尝试着让行动符合身份，而不是让我们的行动决定我们的身份。

是因为你本身就很体贴，所以你才会给陌生人开门，还是因为你正在给陌生人开门，所以才变得体贴？亚里士多德针对前者曾经说过，“你所重复做的行为决定了你是谁。”萨特同意亚里士多德的说法，他说，是我们塑造了我们的身份，而非另外的方式，因为存在先于本质。所以，不要再说：“我无能为力。我就是这样的。”你给自己设置身份，但你的身份并不能决定你做什么。这应该是个好消息。

所以，如果你还记得你想变成什么样的人，并且你还没有成为那样的人，但你仍旧希望成为那样的人，那么开始行动吧。不要再“准备做”某种人，而是马上去“做”某种人。开始为陌生人开门吧，假如你选择这样做。

我坚信活在当下。

死后的生活？谁知道呢——真的，不可能说得出来。死前的生活？这看上去是那种我们可以绝对肯定的事物。如果不是，那么就该像《黑客帝国》（*Matrix*）里那样，但是，即使是那样的人生，也是死之前的生活。这张车贴标语的主人好像不仅仅“坚信”应该活在当下，而且真正了解什么是死前的人生，尽管“死后的生命”还没有成为被忽视的游戏。

在生活中，我们可以践行我们所了解的，或者践行我们所不了解的（希望如此），后面一种选择被很好地总结在钦定版《圣经》[①] 中：“信就是所望之事的实底。”一旦我们知道了一件事，就能够依此猜测其他的事——我的魂魄在肉身出生之前就存在了吗？当我死后，肉身化为腐朽之时，魂魄还存在吗？许多人发现需要谨慎地拥有知识，而且让知识衍生出来的碎片留在原地。

以某种方式，这种猜测归为一个赌博的类型。为了打好基础，想象一下玩轮盘赌博，轮盘上有 36 个黑色和红色的槽，在法国人的玩儿法中，还要加上一个绿色的槽（美国人则要加上两个绿色的槽）：假设赌美元，如果红色的槽中了，赌博的人输掉两美元；如果绿色的槽中了，赌博的人赢得 1 000 美元；

① 钦定版《圣经》是《圣经》的诸多英文版本之一，于 1611 年出版。钦定版《圣经》是在英王詹姆斯一世的命令下翻译的。——译者注

一个明智的人会赌绿色，即便概率是如此之低。

法国数学家布雷斯·帕斯卡让我们想象了一个回报更高的赌博：赌注是你的现世人生。不信上帝带来的回报是能够按照自己的意志选择想要的生活，但是相信上帝的回报是死后永恒的快乐。一条附加的规则是，如果你不信上帝而上帝的确存在的话，那么你将在死后遭受永恒的折磨。

这才是痛处。你不能走出帕斯卡式的人生赌局。就像他告诫我们的，“你必须赌一方。赌局已经开始，你无法选择‘退出’这个选项。”你信不信吧。在上帝的赌场中，“不选择”不在选项范围之内。正如著名的加拿大摇滚三人组“奔跑”组合所唱的那样，“虽然你选择不做决定，但你仍然做出了一个选择。”

从数学角度看，你的有限的人生和无限相比，短如一瞬。对于拥有世界最长人均寿命的澳门女性来说依然如此，她们平均能活 88 岁。生活中的任何有限增益——来几次不负责任的婚前性行为，和朋友一起外出喝酒，在安息日工作，等等——获得无限回报的概率为零。在数学课所学到的东西终于派上用场了。

但是，我们必须抱着万一的心态看一眼帕斯卡，并犹豫地说："万一我们从来没听说过这个实际存在的神，怎么办？"正如理查德·道金斯提醒我们的，"对于社会曾经相信过的大多数神灵来说，我们都是无神论者。"在成百上千的超自然存在中，我们所相信的那个神万一是一个善于嫉妒的神（"你只能相信我，除了我之外的任何神你都不能信"），而我们拜错了神，该怎么办呢？正如卡通哲学家荷马·辛普森（Homer Simpson）让人理清头绪的话，"假如我们选择了一个错误的神，那么，每一次我们去教堂只会让正确的神更加生气。"

而且，最后，你生气地说："万一我就是不这样做，怎么办？"想象这个简单的任务，我们将称之为"鲍恩赌"：如果你选择相信地球是平的，你将赢得 10 亿美元。

显然，谨慎的选择是相信地球是平的。"但是，我无法让自己相信我不相信的事物。"你回答，带着绝望，以弗洛伊德的口气说："没有人能够被强迫相信。"对此，帕斯卡令人惊骇地强迫我们"放弃思考"、"令知觉迟钝"，而且认识到，"没有事物是肯定的……就好比我们无法确定我们是否能看到明天的太阳。"

但是我们看到了今天的太阳。

人生只有两件事是确定的：死亡和纳税。

你说——或者应该是我说，——好像这是一件坏事。首先，纵观整个税务体系，难道你不愿意让其他人来建设供你的汽车行驶的道路、管理你的食品和药品，并且当你日常外出散步或者和朋友在工作之余喝茶的时候，保护你免受外敌侵略吗？这可能解释了为什么大多数美国人于 2009 年报税日这一天，心甘情愿地缴纳税款。

税是文明的代价。

有趣的是，有成千上万的人加入了散布在全美国的“新波士顿茶叶党”①，一些甚至获得了福克斯新闻业的赞助。布什政府于八年前将国家债务提高了一倍，达到了 5.7 万亿美元，茶

① 美国国家广播公司电视主持人桑特利（Rick Santelli）在节目中表示，反对奥巴马政府的房屋救济贷款政策，并呼吁茶叶党再现。于是，很快就有人开始谋划并成立了茶叶党。2009 年 4 月 15 日是美国纳税日，新生的茶叶党发动了全国性的游行示威活动。根据媒体报道，这次游行示威规模庞大，有上百万人参加，口号是反对高税收、高支出和医保改革，并要求缩减政府规模。——译者注

叶党等了八年，终于在八年后的报税日这天以扔掉茶叶袋的方式，抗议政府的税收政策。原来的茶叶党在抗议英国政府的税收制度的时候，没有选举出代表（显然和现在的情况不同），现在的茶叶党机智地将首字母缩写解释为：税收已经够了。（原茶叶党的首字母缩写是TEA，即英文“茶叶”tea的大写形式；新茶叶党的首字母缩写也是TEA，即英文“税收已经够了”Taxed Enough Already的首字母。）具有讽刺意味的是，茶叶党买了成千上万的茶叶袋，然后在抗议的时候扔掉，以抗议政府在财政支出上的浪费行为——此时正值一位新任总统真的为大众降低税额的时候。

上文我们提到“人生只有两件事是确定的：死亡和纳税”，已经说过了后者，现在来说说前者。事实上，可以谈的很多。伟大的苏格拉底因为“腐蚀了青年人的灵魂”而被判死刑——其实他就是质问当时自吹自擂的政治家以揭露政治家的无知，从而强调知识的重要性。当时是不容许质疑政治决策的，也没有茶叶党的存在。接下来，他情愿喝下毒酒，也不愿意逃出去隐匿起来。

死亡，他阐述道，“是一种湮灭，毫无知觉”——什么都没有留下来，或者留下一些东西然后进入深沉的睡眠，并因而是“一种不可言说的收获”——或者，死亡正如有些人所说的那样，“是一种转变，灵魂从一处移居到另一处。”这样一来，苏格拉底就能够遇到奥德修斯（Odysseus）[①]和西西弗斯（Sisyphus）[②]，以及其他可以与之交谈的神灵。苏格拉底开心地说：“他们不会把一个提问题的人杀死。”特别地，在最后这种可能性里，是你不朽的开端。同样，你也不会那么衣衫褴褛。

总而言之，苏格拉底宣称害怕死亡是愚昧的，因为你不知道死亡之后将会如何，并且每一种可能性都不坏。宣称自己将会遇到什么是“那种不光彩的无知的表现”，因为你宣称你知道了自己并不知道的事情。

马克·吐温给苏格拉底的话加了一条更深刻的注解：“我不害怕死亡。在我出生之前，我已经死了几亿年了，并且没有感到有什么不好。”所以，为何在接下来的几亿年里惧怕死亡呢？你已经错过了恐龙、第一届奥林匹克运动会，以及刚出道

---

① 奥德修斯，古希腊荷马所著史诗《奥德赛》（*Odysseia*）中的主人公，在特洛伊之战中献木马计。——译者注

② 西西弗斯是希腊神话中的人物，科林斯的建立者和国王。他甚至一度绑架了死神，让世间没有了死亡。最后，西西弗斯触犯了众神，众神为了惩罚西西弗斯，要求他把一块巨石推上山顶，但巨石太重了，总是未上到山顶就又滚下山去，前功尽弃，于是他就不断重复、永无止境地做这件事。在众神看来，再也没有比进行这种无效无望的劳动更加严厉的惩罚了。——译者注

时的小甜甜布兰妮。你真的需要一直活到当今的布兰妮变成总统，或者我们找到了在火星上定居的办法的时候吗？

死亡专家——是的，已经有人做到了这一步——厄恩斯特·贝克尔（Ernst Becker）解释了你对于以上问题给出了肯定答案的心理基础。不仅仅是人类觉得自己特殊，仿佛这个世界，甚至这个宇宙，都需要我们，并且我们注定要干一番大事，而且这种傲慢已经融入了单独个体的内心。古代智慧很好地总结了这一点："幸运，就是你身边的人被箭矢射中，而你安然无恙。"我们也从宗教的角度来理解这种事，正如一个人宣称当一个孩子在一场有 20 万人丧命的飓风中存活下来的时候，是仁慈的上帝从天堂降下了奇迹（我把其中的讽刺留给读者去体味）。有趣的是，如果一个人真的相信，他们逝去的爱人将永远地沐浴在祝福之中，我们就应该为他们的逝去感到高兴，尽管这经常与事实不符。

贝克尔解释道，人——小小的生存机器——本性中就有自恋的情节。所以，我们用一种自己构造的英雄情结来判断"宇宙的特殊性，终极价值的创造，不可动摇的意义"。而且英雄是不死之身——如超人、蝙蝠侠、神力女超人。所以，这种英雄情结不会给我们造成压力和忧虑。我们通过留下自己的记号来达到不朽的目的：写一本书或者做一些事，那样我们就可以获得不朽。最终我会成为一位英雄。

所以，最后，你无法确定税收，因为成千上万的人都没有交税（包括 18 岁以下的人）；而且，你也无法确定死亡，因为正如某人所说的，你永远不会死，而是换一种方式活着。并且，这些不是生活中亟待确定的唯一的事，难道不是吗？正如伍迪·艾伦（Woody Allen）所说的："万一所有的事情都是虚幻的，没有东西存在，怎么办？如果真的是这样，我绝对不会给这条地毯付钱。"最后，正如我们上文深入讨论过的，死亡和税收毕竟没有那么糟糕。所以，起来去工作，见见朋友，趁着时间允许，赶紧享用杯子里的茶吧。

要有目的。

或者，像法国人说的："存在的原因是什么？"这就好像当你写一本宗教和哲学书时，有一条不成文的规定，即你必须至少问一次："生活的目的是什么？"因为"生活"不能没有目标。那么，同理……爱的目的是什么？快乐的目的是什么？甚至，死亡的目的是什么？万有引力的目的是什么？或者，为什么蜘蛛有八条腿？

关于“目的”的问题，与寻找“意义”的问题一样，陷入了没有尽头的陷阱，因为首先，这根本不是一个恰当的问题。正如作家托马斯·品钦（Thomas Pynchon）提到的，“如果他们向你提出了一个错误的问题，那么他们就不必担心你会给出什么答案了。”回答如下问题：“x的意义是什么？”好像没办法给出答案。“铅笔的意义是什么？”这个问题是令人困惑的，或者更可能的是回答它的作用：“用来写字。”维特根斯坦承接品钦的洞察力，提供了自己的解释：“凡是能够被提出来的问题，都能够被解答。”① 那么，对于“……的意义是什么”或者“……的生活的目的是什么”这样的问题，合适的答案是什么呢？

寻找意义是一件坚持不懈、令人筋疲力尽的智力挑战。想象一下，每当你做了一件事，你都会问：“为什么这样做？”“爸爸，为什么要看棒球呀？”“亲爱的，我们这样亲吻的目的

---

① 维特根斯坦认为，哲学的混乱和争论皆源自对语言的误解，源自哲学家说了不可说的东西。因此，哲学就是澄清问题的活动，它的根本任务就是把能用命题和语言说明的东西，与后现代主义文学不可说的东西划分开来。这就是西方哲学史上著名的“语言转向”。他认为，不存在正当的哲学问题，哲学里没有问题，只有迷误。想不明白，是问题不清楚，其中多是混淆了不同概念的框架，是不同的“说话方式”。于是，维特根斯坦不是消灭了哲学问题，而是消解了哲学问题，其名句“对于不可言说之物必须保持沉默”，与上面品钦的话有相同之处。因此，人们经常把维特根斯坦的哲学和品钦的小说联系起来。——译者注

是什么？”摆在面前的一个明显的困难是：这些问题驱使我们找到一个一般性的答案——以我们现在的话题为例，即关于“人生”目的的一般性的解释。事实上，很难想象这个解释是什么。

生活的目的是获得幸福。正因为如此，我们也必须在意其他人的幸福。尽管如此，亚里士多德建议我们应该根据事物的本质寻找事物的价值，而不是出于其他的目的。我们的直觉倾向于将价值赋予那些因热爱工作本身而工作的人，而非只为薪水工作的人。亚里士多德认为，若一个人在他做的某件日常事务中追寻原因，一旦领悟了最终的“为什么”，这个人将获得至高的好处，即获得真正的升华。例如，一个充满好奇心的孩子不停地问为什么——为什么我必须去上学？为什么我需要得高分？为什么我需要知识？在某种程度上，他从自身出发而提出这些问题——在大学里修习哲学课，也许，恰恰是因为他渴望获得知识的内在价值而非其他。这是唯一的原因。亚里士多德说，我们应该依靠人类特有的能力去追求通往圆满人生的道路：理性。通过运用我们特有的理性的品质，我们能够达到圆满，并且知道原因为何。

这里，我们仍然将“人生”视作一个普遍的概念，但是，我们真正想要的是更加特别的——我的人生的目的。如果你在祖父母家的阁楼里找到一座奖杯，你不会问：“奖杯的目的是什么？”而会问：“这座奖杯的目的是什么？”这就好比我们想要获得专属于我们的人生的目的。

目的和意义这两个词经常混淆，先不管它们经常被当作同义词使用。有时，目的和意义没有什么关系。那座奖杯的目的是作为奖励优胜者的奖品，但是它的意义却是祖母留给你的唯一纪念。你甚至可以把奖杯用在意想不到的目的上——也许，把它当作长竿去拨弄柜子顶上的东西。有时候，责备你不应该把奖杯用在意想不到的目的上的人是错误的。

无视上述内容，有些人仍然抗议道：“如果人类是进化而来的生物，并且不存在造物主，那么我的人生就没有目的。”但是你的确拥有创造者：你的爸爸和妈妈。所以，如果你真的以创造你的人的意愿为人生目的，那么仅仅需要去问问你的父母为什么生下你，然后按照他们说的去做（在农场上工作、分享他们的爱，等等）。然后，你就不再需要、也不再希望其他人告诉你，你的人生目的是什么，以及你的人生的意义是什么。

对于其他面临相同问题的人来说，类似的回答是，只有当一个人的肉体死亡但灵魂尚存的时候，才能获得生命的目的和意义，也就是死后的生活。但是这种直觉真的有悖于我们的现实生活。在参加了一场葬礼或者看完电影《死亡诗社》（*Dead Poets Society*）之后，人们经常带着对“只争朝夕”的更深刻的体会，离开葬礼现场或者电影院，为了让人生更加丰富而对生活充满了新的探索欲望。不幸的是，仅仅遵照字面意思做，就会造成一个人被日常生活的细枝末节所困扰。当一个病人被诊断患有绝症的时候，更加具体的有限的时间增加了其本身的价值：病人会放弃琐碎的生活细节，转而将精力放在自己的“愿望清单”之上，参观从未去过的地方，和所爱的人共度余生。在电影《致命游戏》（*The Game*）中，朋友帮主人公在“消费者休闲服务公司”报名，为主人公量身定做不知名的游戏，这种游戏旨在帮助那些失去生活意志的人体验濒临死亡的绝境，从而唤醒他们对生命的渴望，使他们珍惜生命中有限的时光，并发挥其最大价值。正如边际效用递减规律[①]提醒我们的，一个人拥有的东西越多，每一种东西对这个人而言所具备的价值就越少。因此，如果人生是无限长的，一个人当然可以浪费几天——甚至几十年——却不会失去什么。时间越少，价值就越大。

① 边际效用递减规律是微观经济学的基本规律之一，是指在其他投入固定不变时，每增加一单位某种投入，新增的产出会逐渐减少。——译者注

所以，“人生的意义是什么”是一个假问题，我们真正想要的是有具体指向性的问题，也就是针对具体人生的问题：在这种情况下，就是每一个“你”的人生。一个人对他的人生拥有百分之百的权利：这是人生旅程的一部分。正如另一张车贴标语所写的：

寻找生活的目标就是生活的目标。

按照这种说法来看，希腊众神凭借他们的“神一样”的智慧，想降下最严厉的惩罚给西西弗斯。他们给了西西弗斯一个任务，即不断地将一块大石头推向山顶，但是一旦即将到达山顶，石头立马就滚了下来，西西弗斯只有再一次将其推到山顶，周而复始、无穷无尽。艰辛的劳作不会获得任何回报。存在主义哲学家阿尔贝·加缪（Akbert Camus）凭借他凡人的智慧，相信西西弗斯是快乐的，“将大石头推向山顶，这一使命感足以满足一个人的心。”从这个角度看，我们也许可以想象，更加残酷的惩罚是让生活没有目的，与赋予西西弗斯的永恒的目的正好相反。如果我们不知道从哪里开始找寻生活的目的，看着下面这张车贴标语是否能够给你一些启示：

假如生活就是变戏法。

好像不是，但这样想也蛮有趣的。

最后一贴：你可以读它。

柏拉图让我们想象，我们自打出生之日起就生活在一个洞穴里，一条长长的通道通向外面，有微弱的阳光从通道里照进来。我们的头颈和腿脚都被锁链绑着，不能走动也不能转头，只能面向洞穴的岩壁，把岩壁上的影子当作现实。柏拉图要求我们挣脱锁链、走出洞穴、摆脱迷惑了我们的影子、在洞外等待阳光，从而获得最初的启蒙。很多人将其视为哲学家最基本的工作，也许还包括拥有自我意识的市民。柏拉图经常鼓励我们离开洞穴去“了解你自己”。但是因为真理具有抽象的性质，也许当我们离开一个洞穴的时候仅仅是进入了另外一个洞穴，虽然新洞穴比旧洞穴离着洞口更近一些，阳光更多一些。该怎么办呢？也就是说，具备了关于自身和世界的完备的知识之后，具备了关于现实的更加完善的认识之后，献身于探索真理的人，只不过打开了通往新的更明亮的洞穴的门，仅仅是洞穴而已。从小在动物园里长大的老虎，不知道如何像祖先一样在丛林里生存。但是，人类和老虎不同，人类拥有天赐的（或者，被诅咒的）自我意识和想象力，能够改变自身不适应的环境，使它变得舒适。

当我们还是婴儿的时候，我们躲在一个狭窄的、有限的洞穴内——类似兽穴一样的地方：在洞穴中有一些球形物体，发出细小的声音和一些别的刺激信息。更甚者，正像蛇躲藏在它那富有弹性的皮肤下面一样，我们也在不断地更换着信息更加丰富却仍然不是现实的洞穴。当然，像“狗的生活”那般舒适，许多工作的成年人对其充满了渴望，当我们离开旧洞穴前往新洞穴的时候，我们喜欢并怀念着曾经住过的旧洞穴，然后就这样不断地搬迁，从一个洞穴到另一个洞穴。对于大部分人来说，这个过程持续着，直到有一天我们停下来，在某个洞穴中永久定居。

同理，我们生活在一个更大的、以社会为单位的洞穴中。纵观历史，人类已经一起住过很多洞穴。洞穴人，从字面上理解并非真的住在洞穴里，它是一个比喻，用来形容由于缺乏关于宇宙运动、人类意识以及数不清的现象的知识而饱受束缚的人类。怎样解释彩虹现象、夜空中的星辰或者同类的死亡？通过几个“时代”——黑暗时代、中世纪时代、探索时代、启蒙时代和信息时代——我们也是从一个洞穴搬到了另一个更加宽阔、更加精致的洞穴，不断地前进。新增加的知识给予我们勇气，使我们敢于离开当下舒适的洞穴。我们一度以为自己是宇宙的中心，这种观念曾经给予我们莫大的安慰，直到我们被真理的光芒刺痛眼睛，我们发现，自己只是万千星球中某一个行星上的生物——这使我们不得不走下高傲的神坛。

显然，对于任何傲慢地鼓吹我们已经来到了洞穴之外，即使穷尽了所有的探索的说法，我们都应该拒绝。我们不应该因承认无知而沮丧，反而应该庆幸。从某个角度讲，这些洞穴是我们所拥有的全部，而且它们为我们提供了舒适的住所。真正的挑战是，如何在享受安逸和探索新知之间寻求平衡：洞口就好比一个出口，或者从心理学的角度讲，也是一个入口。就好比鱼不能脱离水的世界一样，我们也不可能探寻所有空间和所有事物。无论如何，暂时不行。所以，我们给开放性思维赋予价值，旅行、接受教育、坦诚地交谈、把经历记录下来，因为通过这些方式，我们才可以探索内心和外在那些我们的好奇的肉眼看不到的诸多洞穴。这些活动使我们离开了舒适的环境——我们的洞穴堡垒。当我们回到家、回到我们的住所，我们将知道我们已经尽可能多地遮蔽掉了外界的光。这样，才能使我们感到足够舒适。

21世纪的洞穴人——沐浴在性别平等之光下的洞穴公民——别无选择地生活在他的洞穴中。环视四周，你也许发现你的洞穴里有一些你未曾发现的事物，或者你也许看到了头顶上射入的一些光。我们站在能够自我反思的前辈们的肩膀上，而我们拥有比这些前辈们更多的机会和优势去追寻真理之光。

如果你能，请读这个：了解你所生活的洞穴。

致　谢

秉承着"王婆卖瓜，自卖自夸"的精神，我得为自己的这本书说两句。尽管这本书的构思一开始很单薄，就好像即将进行一场孤独的冒险，幸运的是它最终长成一个内容庞大、丰富，各种思想交织的作品，并且还在继续成长。对此，我心存感激。

感谢与我分享专业知识的朋友们——与你们在 Facebook 上的交谈激发了我的灵感，从而使本书所表达的思想愈发强大：Judy Bowen、Louise Grotenhuis、Charles Hanson、Marie Lehman、John Mairs、Doug Munz、Josh Maisel、Caroline Paterno、Kelly Wanser。同样，我要感谢 Mark Newton 和 Mike Shore 给我提供了 Facebook 这样一个强大的交流平台。此外，无论我怎么感谢 Al Spangler 都不为过，因为他给我提出的建议总是那样丰富且充满智慧。

感谢麦勒学校对我的长期支持和鼓励；除了这里，我无法想象还有哪个地方能够让我施展自己在教育方面的才华。感谢我们的“春天好时光哲学阅读俱乐部”成员——Daisy Anderson、Eliza Bara、Nicole Fasola、Elitah Petty、Anjali Ranadive、Nicole Wemple——美好的时光总是令人难忘。我还要感谢Brayden Fabris、Jack Suiter、Brad Haaland，你们利用自己的专业知识将一些车贴标语做成了展板。最后，感谢所有在“斯坦福好书项目”中为我投票的同学们。

还有，在我所生活的小社区里，邻居给予我不断的帮助——McMullins一家人，Clarks一家人和Jessica Rose，他们给我提供的小花园令我灵感喷涌，在那里我完成了本书的大部分写作。Mamm Hudnall负责了互联网上的工作，所有哲学系学生的家长和水球队队员都参加了庆祝活动，使哲学谈话真正成为它所应该成为的样子：开放的、互惠的、人与人之间开诚布公的交流。虽然我记不住所有家长和水球队队员的名字，但是他们给予我的支持和鼓励却源源不断地激励着我——例如，一位学生家长充满感激地说，我在书中所讲授的思想，为孩子们的成长提供了一个坚强的保护层。

本书的幕后团队实在是太棒了，怎样称赞他们都不为过。我经常听到其他作者对他们的出版商、编辑和经纪人的抱怨，但是我只能对这些作者抱以微微点头以示敷衍，内心却不能苟同。首先，我的经纪人，Felicia Eth，他所付出的精力已经远远超过一个经纪人所应做的，让整个出版过程都变得顺利而且有趣。他的能力让我无比信赖——有一次我的电脑突然瘫痪，所有的电子稿都丢了，他安慰我说“塞翁失马，焉知非福”，最后果然如他所料，我写出了比之前更好的稿子——简直具有魔力。谢谢 Eth 对我的鼓励，让我以自己的方式来写作。也要感谢我的编辑，Christina Duffy。我很高兴能够认识她，和她分享观点。她坦诚的建议贯穿了我的整个写作过程，这对我来说简直是无价之宝。我还要感谢兰登书屋所有与该书出版相关的工作人员——在美工部，允许我随时加入自己的想法，“鹰眼”出版编辑 Margaret Benton，市场营销部二人组 Barbara Fillon，Kathleen McAuliffe——我很荣幸能够与这样世界著名的出版商合作，而且是非常亲密的合作。

最后，我要感谢我最心爱的人类学家，她是那个鼓励我写出内心所想的人：Jessica。我还记得迫不及待地赶回家和她分享一整天所写的稿子：讨论观点，同意或者反对，深挖思想。她是如此敏锐，居然能够坚定地指出我哪些地方写得心高手低了；当我真正写到关键点上的时候，她又会欢欣鼓舞。一年前，我还从未想过我会娶到世界上最好的编辑。

图书在版编目（CIP）数据

柏拉图的车贴/（美）鲍温（Bowen，j.）著；杨武金，程橙译．—北京：中国人民大学出版社，2016.2

书名原名：If you can read this：the philosophy of bumper stickers

ISBN 978-7-300-22278-3

Ⅰ.①柏…　Ⅱ.①鲍…②杨…③程…　Ⅲ.①哲学-青少年读物　Ⅳ.①B-49

中国版本图书馆 CIP 数据核字（2015）第 316608 号

柏拉图的车贴

［美］杰克·鲍温（Jack Bowen）　著

杨武金　程　橙　译

Bolatu de Chetie

出版发行	中国人民大学出版社		
社　　址	北京中关村大街 31 号	**邮政编码**	100080
电　　话	010－62511242（总编室）		010－62511770（质管部）
	010－82501766（邮购部）		010－62514148（门市部）
	010－62515195（发行公司）		010－62515275（盗版举报）
网　　址	http://www.crup.com.cn		
	http://www.ttrnet.com(人大教研网)		
经　　销	新华书店		
印　　刷	北京联兴盛业印刷股份有限公司		
规　　格	135 mm×190 mm　32 开本	**版　　次**	2016 年 3 月第 1 版
印　　张	11.125 插页 2	**印　　次**	2016 年 3 月第 1 次印刷
字　　数	168 000	**定　　价**	45.00 元